JN081688

21の物語から考える法学入門

佐藤みのり **Minori Sato** 著

北大路書房

はしがき

　この本を手に取ってくださった皆さんは、「法」に対してどんなイメージを持っているでしょうか？「とっつきにくい」「難しそう」「あまり考えたことがない」……という人も多いかもしれません。

　本書は、堅苦しく、わかりにくくそうで、敬遠されがちな法や裁判について、さまざまな昔話や寓話を活用しながら、楽しく具体的に考えていこうというものです。物語「美女と野獣」の"野獣"と"ベルの父親"がなした契約を、法的に考えるとどうなるのか？　実は残酷な昔話「かちかち山」や「猿かに合戦」を現実に置き換えたとき、たぬきの罪は？うさぎの報復は？猿の法的責任は？子ガニの救済は？……どうなるのか？──なんかおもしろそう！と感じてもらえたら学びのスタート。一緒に楽しみながら考えていきましょう。

　また、本書では、「迷惑系ユーチューバー（YouTuber）の逮捕劇」「万引き犯の顔、公開！？の問題性」「宗教2世問題と親子の信教の自由」……などなど、世間を騒がせたさまざまなニュースについても取り上げています。法について知ると、日々のニュースも違った角度から、より深く見えてくるかもしれません。

　筆者は、弁護士として、法を使ってトラブルを解決する仕事をしながら、大学や大学院で法を教える活動もしています。

　弁護士になり、初めて教壇に立ったのは、母校である慶應義塾大学の法科大学院でした。法科大学院というのは、未来の法律家（裁判官、検察官、弁護士）を育てる大学院です。そのため、当然、教える内容も、法律家になるために必要な専門性の高いものになります。

　その後、法学部を持たない大学で、教養科目としての法学を担当させていただくことになりました。そこで、多くの若者に、一市民として、法的なものの見方や社会の仕組みについて、なるべく楽しく、なるべくわかりやすく知ってもらいたい、知ってもらうためにはどうしたらよいだろうかと考えるようになりました。

　そのような気持ちから生まれたのが、本書の基になった大学の講義案です。

その講義案をブラッシュアップし，より多くの方に楽しみながら学んでもらえるよう，まとめたもの。それが本書になります。

　書籍化にあたり，本書には，より深く話題の論点を知る「トピック」と，ちょっと休憩の「パウゼ」をたくさん取り入れました。読者の皆さまが，疲れたり飽きたりせず，最後まで読み進めていただけたら，うれしいです。

　本書は，法の基礎（第**1**章，第**2**章），憲法（第**3**章，第**4**章），刑事法（第**5**章），民事法（第**6**章，第**7**章），労働法（第**8**章），子どもと法（第**9**章）というテーマを取り上げています。これらは，多くの大学に設置されている，法学の基礎科目で取り扱うテーマと重なり合うでしょう。

　これから大学で法を学ぼうと考えている，大学入学を控えた皆さん，法学部ではないけれど，教養科目として法を学ぶことになった大学生の皆さん，社会に出てから，改めて，法について知りたいと思った社会人の皆さん，教科書として，参考書として，読み物として……，多くの方の学びに役立てていただけたら幸いです。

　第**1**章から読み進めるもよし，自分の興味のあるテーマ（章）から読み進めるもよし，気軽にページを繰ってください。「おもしろいな」「へぇ，そうなんだ」という興味から，学びの世界は開けてくるものだと思います。

　最初は「単位のため」に仕方なく学び始めたのだとしても，おもしろがることができれば，一生モノの教養になります。私自身も，大学時代に触れた心理学，生物学，政治学……など，さまざまなことが，弁護士として働く今に生きていると感じています。これから，いろんなところで活躍されるであろう皆さんの中に，本書で学んだ法学の教養が生き続けてくれたら，これ以上うれしいことはありません。

　本書は，私ひとりの力では決して生まれませんでした。貴重なアドバイスをいただき，また，編集作業を担ってくださった北大路書房出版コーディネーター（出版工房ひうち：燧代表）である秋山泰さんに，厚くお礼を申し上げます。

　2023年8月

弁護士　**佐藤みのり**

はしがき

第1章

法／法律は必要ですか？

▶ §1 __ 法とは何だろう？──法と道徳はどう違うのか？

▶▶1 __ ざっくりと「法」というものを考えることから……

「○○法違反の罪で逮捕されました」

「改正○○法が○月○日から施行されますが，私たちの生活にはどんな影響があるのでしょうか」

「○○法案を閣議決定しました」

毎日のように，どこかで耳にするニュースです。

朝起きて，学校や仕事に出かけ，友達と遊び，のんびりくつろいで眠る……こうした毎日の中で，私たちが法を意識することはほとんどありません。しかし，実は，今日も，法を犯す人が現れたり，新しい法が生まれたりしています。法は，私たちの日常生活をすっぽり包み込み，そっと，時に厳しく，私たちの日々を見守っています。

では，そもそも，「法」とは何なのでしょうか？

「法」とは……と定義を厳格に考えるのは，とても難しいことであり，学者の間でも，いろいろと議論されているところです。

この本を手に取ってくださった皆さんにとって，法の抽象的な概念を理解することや，細かな法的知識を詰め込むことは，それほど重要ではないでしょう。しかし，個人を尊重する，自由で公正な民主主義社会の担い手として，法的なものの見方や考え方を身につけることは非常に大切です。

そうした観点から，この本では，法を「異なった価値観や個性を持った人々が社会を作って生活するうえで，お互いを尊重しながら共に協力して生きていくためのルール」と捉えておきたいと思います。

　それでは，社会のルールは，「法」だけなのでしょうか。

　私たちは，なんとなく「正直であるべき」とか「ズルはいけない」とか，「誰かだけが得をして，他の者が損をするのは不公平で許されない」など，従うべきいろんなルールを心に持っています。これらは，法ではありませんが，社会の中でルールとして働いているものです。

　こうした，私たちの心の中にあって，善悪を判断する基準となっているものを「道徳」といいます。道徳は，誰かから強制されるものではなく，一人一人が自発的に従うことになります。

　道徳に従うかどうかは個人の自由に任されています。そのため，世の中には，道徳に反した言動を繰り返す「悪人」と呼ばれる人もいます。「悪人」は，必ずしも法に違反しているわけではありません。法に従っていても，道徳は守らない，そういう「悪人」はいるものです。

　法も道徳も「異なった価値観や個性を持った人々が社会を作って生活するうえで，お互いを尊重しながら共に協力して生きていくためのルール」であることに変わりないようですが，何が違うのでしょうか。

　法というのは，国が強制力を与えているルールです。強制力というのは，「法を破ったら，罰を与えられたり，財産を差し押さえられて無理やりお金を支払わされたりする」ということです。

　一方，道徳には強制力がありません。それを破ったとしても，誰も罰してくれることはないのです。

　先ほど，「悪人」の話をしましたが，もう少し詳しく説明してみましょう。

　「うそをついてはいけない」「人をだましてはいけない」などのルールは，道徳ではありますが，原則，法とはいえないでしょう。日本の法律には，うそをついたら罰するという定めはありませんから，うそをついただけで刑務所に入りなさいとか，罰金を支払いなさいとか，裁判所が判断することはありません。うそをついてお金をだましとったら，詐欺罪になるといったことはありますが，うそをついただけでは，「犯罪者」ではなく，単なる「悪人」どまりというこ

とです。

　それなら，みんな道徳なんて守らないのではないか？道徳は，社会のルールとして役に立たないのでは？といった疑問を持つ読者もいるかもしれません。

　でも，みんな，法で強制されているからルールを守って生きているわけではありませんよね。そもそも，日本の法律は，2000くらいあるといわれていて，法の専門家である弁護士も，それらすべての内容を詳しく知っているわけではありません。

　国民は，日々，法を意識しないで生活しているものです。それでも，「おてんとうさまが見ているから，悪いことはできない」，「うそをつけば，いつかはばれてしまうかもしれない。そうなれば，みんなから信用してもらえなくなってしまう」などなど，それぞれが自発的に悪いことをしないで，なるべくいいことをしようとしながら，日々，過ごしているのではないでしょうか。

　そう考えると，人々の心の中にある道徳というのは，法以上に社会秩序を守る役に立っているともいえそうです。

　なお，「法」という言葉と「法律」という言葉の（ニュアンスの）違いについては，本書第**2**章の☕パウゼ２.１＿「『法』・『法律』という言葉」を参照してください。

▶▶2＿「良き法律家は悪しき隣人」ということわざの意味するところ

　ここで，法と道徳にまつわることわざ（法諺）をご紹介しましょう。

　「良き法律家は悪しき隣人」です。読者の皆さんは，聞いたことあるでしょうか。意味としては，職業人として優れた法律家（弁護士など）は，隣人としては付き合いにくくて嫌な奴という意味です。

　これはどういう意味でしょう？皆さんが，「弁護士」にどんなイメージを持たれているのか分からないのですが，弁護士法には，弁護士の使命として「基本的人権の擁護と社会正義の実現」と書かれています。現実には，法に定められた使命感に燃えて，一生懸命働いている弁護士が多数だと思うので，「悪い人」というイメージよりも，むしろ「正義の味方」という良いイメージがあるのではないか……と，弁護士の一人として期待してしまいます。

　ただ，「悪徳弁護士」なんていう言葉もあって，弱者を食い物にして，たくさんのお金を巻き上げようとする弁護士，依頼者のお金を預かっておきながら

横領してしまう弁護士……など，悪事を働く者もいるのは確かです。

　ことわざに戻ると，「良き法律家は悪しき隣人」に出てくる「法律家」は，職業人としては良いのですから，ルールを破って横領するような弁護士のことを意味しているわけではありません。あくまで，依頼者の利益を守って，きちんと仕事をしている弁護士のことを指しています。そういった，きちんと仕事を全うしている弁護士が，なぜ「悪しき隣人」になってしまうのでしょうか。

　それには，ひとつ，法と道徳の関係がかかわってくるのだと思います。「法は道徳の最小限」ともいわれています。人として守った方が良い道徳がいろいろある中で，法は，その一部分しか定めていないということです。より良い法律家は，法の知識を持っていますから，最低限，法に定められたルールだけ守っていればいいと考え行動する。法に定まったことを，カチッとその通りに守るだけで，その場，その場で柔軟に考えたり，隣人のために自分の権利を少し我慢したりすることがない。だから，「隣人としては付き合いにくくて嫌な奴」そういうことなのだと思います。

　どうして「法は道徳の最小限」なのか。それは，法に強制力があるからです。法に反すれば，国家が罰を与えたり，強制的にお金を取り返してきてくれたりするわけです。そういう強い力を持つルールだからこそ，法は，絶対に守らせなければならないものだけを定めています。

　たとえば，先ほどお伝えしたように，道徳としては「うそをついてはいけない」けれど，法律が罰するとしているのは，「うそをついてお金をだまし取った」とか「うそをついて業務を妨害した」とか限定された場面です。だから，法律家の中には，「多少のうそをついても法律違反にはならないから，違反にならない範囲で有利になるように言い換えよう」などと考える人もいるでしょう。

　職業から離れ，日常生活を送る上で，「法さえ守っていればいいんだ」「法にはこう書いてあるんだから，決して譲らない」という姿勢で生活すると，「良き法律家は悪しき隣人」……ということになってしまうのですね。

　私（筆者）は弁護士ですが，常識とか，道徳とか，そういったものを大切にしたいなと思いながら，日々，生活しています。実際，法律というのは，常識や道徳とかけ離れたものではありません。「法律に書いてあることは，その通りにしなければならない」というイメージを持たれている方が多いと思います

が，実は，法律には「当事者の合意が優先です。合意できなかったときや，もめてしまったときは，このルールを使って解決してください」というルールもたくさん書かれています。いろんな人が暮らす社会の中で，みんながなるべく気持ちよく過ごすためには，いきなり法律を持ち出すのではなくて，まずよく話し合って，当事者同士が納得いく方法が見つかれば，それが一番だと感じています。

▸§2＿ もし法がなかったら……？

▸▸1＿法のない日常を想像してみよう

　ここで，法がなかったら，私たちの暮らしはどうなるか，想像してみましょう。

　スポーツをするときに，もしルールがなければ，それは，もはやスポーツではなくなってしまいます。ボクシングは，ルールを守って行うからスポーツなのであって，ルールのないボクシングはただの「殴り合い」です。

　これと同じように，法がない社会は，めちゃくちゃになってしまいます。

　たとえば，お腹がすいた人がいたとしましょう。その人は，パン屋さんに入り，その場でむしゃむしゃとパンを食べ始めます。お店の人が「代金を支払ってからにしてください」と，何度注意しても，「俺の勝手だ。何したっていいんだ」と言い張り，食べ続けます。

　法がないので，国が窃盗罪として処罰してくれるわけでもなく，パン屋さんはどうすることもできません。あっちでも，こっちでも，勝手に食べ始め，お店の中はめちゃくちゃになってしまいます。

　また，誰かが不幸にも亡くなったとしましょう。その人は，たくさんの財産を持っていました。その財産を，いろんな人が欲しがって群がってきます。誰がどれだけの財産を受け取れるのか，何のルールもないから，みんな殴り合って，実力行使で財産を自分のものにしようとします。実力行使を罰するルールもないので，みんな好き放題です。

☕ パウゼ 1.1 __ 迷惑系ユーチューバー（YouTuber）

　迷惑行為をして，動画を作成し，ネットにアップ。炎上させることにより，再生回数を増やそうとする，いわゆる「迷惑系ユーチューバー」……。

　そんな迷惑系ユーチューバーの一人が，スーパーの店内で刺身の入ったパックを開けて，手づかみで中身を全部食べました。笑いながらレジに行き，「腹減ったので食べちゃいました」と言って，自動精算機ですぐに清算したのですが，食べたのが会計前だったため，窃盗罪に当たるとして，警察に逮捕されました。

　彼は，窃盗罪のほか，衣料品店に返品を求めて店の業務を妨害した威力業務妨害罪にも問われ，懲役1年6月，保護観察付き執行猶予4年とした判決が確定しました（最高裁2022年3月29日決定）。

　すべての人が，正しい道徳に基づき，行動することができるのであればよいですが，実際には，道徳に反する行為を面白半分でやったり，そうした行為でお金を稼いだりする人たちがいます。誰かの権利を侵害したり，社会の秩序を乱したりする一定の行為について，法によって禁じることによって，国が強制的にルールを守らせることが可能となり，社会の秩序が守られているといえるでしょう。

　極端な話ですが，「ルール」というものが成り立たないとすると，世の中はめちゃくちゃになってしまいます。

　つまり，「強制力のあるルール＝法」というのは，社会がめちゃくちゃにならないように，秩序を守る役割があるわけです。いろんな人が暮らす社会。この社会が望ましい状態を保つためのもの，それが「法」です。

▶▶2__小説「赤い繭」から考える「所有する権利」（所有権）

　ここで1つ，作家・安部公房（あべ・こうぼう，1924〜1993年）の「赤い繭（まゆ）」という面白いお話（短編小説）を紹介します。

♠「赤い繭」

　日が暮れかかる。人はねぐらに急ぐときだが，おれには帰る家がない。おれは家と家との間の狭い割れ目をゆっくり歩きつづける。街中こんなに沢山の家が並んでいるのに，おれの家が一軒もないのは何故（なぜ）だろう？……と，何万遍かの疑問を，また繰返

しながら。

　〔中略〕夜は毎日やってくる。夜が来れば休まなければならない。休むために家がいる。そんなら俺の家がないわけがないじゃないか。

　ふと思いつく。もしかするとおれは何か重大な思いちがいをしているのかもしれない。家がないのではなく，単に忘れてしまっただけなのかもしれない。そうだ，ありうることだ。例えば……と，偶然通りかかった一軒の前に足をとめ，これがおれの家かもしれないではないか。むろん他の家とくらべて，特にそういう可能性をにおわせる特徴があるわけではないが，それはどの家についても同じように言えることだし，またそれはおれの家であることを否定するなんの証拠にもなりえない。勇気をふるって，さあ，ドアを叩こう。

　運よく半開きの窓からのぞいた親切そうな女の笑顔。希望の風が心臓の近くに吹き込み，それでおれの心臓は平たくひろがり旗になってひるがえる。おれも笑って紳士のように会釈した。

　「一寸うかがいたいのですが，ここは私の家ではなかったでしょうか？」

　女の顔が急にこわばる。「あら，どなたでしょう？」

　おれは説明しようとして，はたと行き詰る。なんと説明すべきかわからなくなる。おれが誰であるのか，そんなことはこの際問題ではないのだということを，彼女にどうやって納得させたらいいだろう？　おれは少しやけ気味になって，

　「ともかく，こちらが私の家でないとお考えなら，それを証明していただきたいのです。」

　「まあ……。」と女の顔がおびえる。それがおれの癪にさわる。

　「証拠がないなら，私の家だと考えてもいいわけですね。」

　「でも，ここは私の家ですわ。」

　「それがなんだっていうんです？　あなたの家だからって，私の家でないとは限らない。そうでしょう。」

　返事の代わりに，女の顔が壁に変って，窓をふさいだ。ああ，これが女の笑顔というやつの正体である。誰かのものであるということが，おれのものでない理由だという，訳の分らぬ論理を正体づけるのが，いつものこの変貌である。

　だが，何故……何故すべてが誰かのものであり，おれのものではないのだろうか？

　〔後略〕

　　　（安部公房「赤い繭」『壁』所収，新潮文庫，初版1969年〔引用は2022年106刷より〕，
　　　　　　　　　　　　　　　　　　　　　　　　　　　　250〜255ページ）

　なぜか，読んでいるうち，本当に「自分（主人公）の家」でいいのではないか……なんて気分になってしまった読者もいるかもしれません。「あなたの家

だからって，私の家でないとは限らない」という主人公の言葉に，「確かに……」と言いくるめられそうになったり，「その通り……ではないはずなのだけど，うまく説明できない……」と言葉に詰まってしまったりした読者もいるのではないでしょうか。

けれども，もし現実の世界で，主人公のような主張をする人が現れたら……と考えると怖くなります。「この家は佐藤さんの家」，「あっちの家は鈴木さんの家」，それが当たり前だと思っていたのに，それが崩れてしまったら……社会はめちゃくちゃになってしまいますね。

どうして，私たちが，当たり前に「この家はわたしの家」「あっちはあなたの家」と考えられるのかというと，それは，法が「所有権」という権利を認めているからです。「所有権」というルールがなければ，世の中は，誰のものか分からない物だらけになってしまいます。

そうすると，力の強い人が勝手に「これは俺の物だ」と宣言し，自分の物にするでしょう。もっと力の強い人が現れて，その人をボコボコにして，奪い取り，自分の物を増やしていくでしょう。世の中は，力の強い人が勝つ世界になってしまい，弱い人は死ぬしかなくなってしまうかもしれません。かといって，力の強い人も，安泰ではありません。もっともっと力の強い人がいつ襲ってくるかわからないからです。襲われて，奪われる危険を常に感じながら，びくびく生きていかなければなりません。

そう考えると，法で「所有権」という権利を定めておくことがどれほど大切か，分かりますよね。

▶▶3＿「所有権を主張する」ということ

【1】 所有権って？

所有権とは，「自由に所有物の使用，収益および処分をする権利」です（民法206条）。

自分の家であれば，壁に穴を開けて棚を作ることもできますし，どの部屋を寝室にしても，書斎にしても自由ですよね（使用の自由）。また，自分の家なら，人に貸すこともできます。急に仕事で家を離れなければならなくなった，ここに住みたい人がいるなら，ひと月25万円で貸そう……などということもできる

わけです（収益の自由）。いらなくなったら、家を他人に売ることだってできます。古くなった家を壊すこともできます（処分の自由）。

　このように、所有権は法律で強い権利として定められており、「所有権絶対の原則」と呼ばれています。

　「赤い繭」の主人公は「あなたの家だからって、私の家でないとは限らない」と主張していますが、所有権は、物を直接に支配する排他的な権利です。そのため、1つの物について、2つの所有権が併存することはあり得ません。「あなた」もこの家を排他的に支配でき、「私」も同じ家を排他的に支配できるというのは矛盾だからです。こうした原則を「一物一権主義」と呼んでいます。

　所有権は強い権利なので、当然、妨害を取り除くことも認められています。自分の家に、知らない誰かが入り込んできて占拠されてしまったら、所有権に基づいて「返してくれ」という請求ができますし（所有権に基づく返還請求権）、誰かが自分の庭に大きな機械を置きっぱなしにしていれば「どかしてくれ」という請求ができます（所有権に基づく妨害排除請求権）。また、隣の土地が崖になっていて、今にも崩れてきそうなときには、隣の土地の所有者に対して「崖が崩れないようにしてくれ」と求めることもできます（所有権に基づく妨害予防請求権）。

【2】　所有権があることを証明できるか？

　ところで、「赤い繭」の主人公は、「ともかく、こちらが私の家でないとお考えなら、それを証明していただきたいのです。」と述べていましたが、裁判で所有権に基づく請求をしたいのであれば、請求する側が、自分に所有権があることを証明する必要があります。つまり、主人公自ら、女の家が自分の家であることを証明しない限り、請求は認められません。

　不動産（土地や建物）であれば、所有権について登記がなされます。そのため、登記簿を見れば、誰に所有権があるのかは一目瞭然。登記簿には女の名前が記されているはずで、主人公の主張は法に基づき、認められないことになります。

▶ §3 ― 法と法思想の歴史を見てみよう

▶▶1＿法とその考え方（法思想）の歴史――人類誕生から明治前まで

さて，今までのお話より，「法は，社会がめちゃくちゃにならないようにするためにある」ということまで，わかったわけですが，では，「法はいつ生まれたのか？」「昔は，法なんてなかったのではないか？」「法がない時代は，めちゃくちゃだったのか？」……など，疑問がわいてくるのではないでしょうか。

というわけで，法がどうやって生まれたのか，少し，歴史を紐解いてみましょう。

むか〜し昔，人類が生まれたときから，人は集団生活をしていました。人が暮らしていたと思われる洞窟に，狩りの絵が残っていて，そうしたさまざまな痕跡から，人は言葉を話し，集団生活を送っていたと考えられています。

古代ギリシャの哲学者アリストテレス（Aristoteles，紀元前384〜322年）は「人間は社会的動物である」といいましたが，まさにその通りで，人間は集団をつくって他人と協力しながら，時に対立しながら，それを乗り越えて，いろんなことを実現させてきたといえます。

さて，集団生活が送れていたということは，「法」と呼べるかどうかは別にして，なんらかの「ルール」はあったものと思います。きっと，誰が狩りに行って，誰が洞窟を守って……とか，順番こにしよう……とか，決めていたはずですよね。

そのうち，強い人が現れ，リーダーシップをとって，国ができていきます。

1つのまとまりとして国ができたら，その秩序を守るために，法律が必要になります。日本は，中国の「律令」（刑法令と行政令が中心）を参考にして，いろんな「法律」を作っていきました。本格的な形の律令が初めて作られたのが，701年大宝律令です。聞いたことがある人が多いのでは，と思います。

こうして，日本は長い間，中国の律令をもとに「法律」を作っていました。それが，大きく変わるのが明治時代になります。今の法律は，明治時代から続く，ヨーロッパの法律をモデルにしたものです。

なので，ここからは，「今」につながる，ヨーロッパの考え方というのをみていきます。

▶▶2＿明治以降の考え方──ヨーロッパ思想の採入れ

日本の明治時代が始まる100年くらい前のヨーロッパでは，「啓蒙思想」という考え方が広まっていました。「啓蒙思想」というのは，「人間本来の理性の自立を促す思想」などといわれていますが，ちょっと分かりにくいですね。

そこで，具体的に，どんな考え方だったのか，今からご紹介したいと思います。

【1】 ロックの考え方は？

有名なのが，イギリスの思想家ロック（Locke,John；1632～1704年）の考え方です。

ロックは，人間は本来自由であり，自分の命を他人からみだりに危険にさらされたり，自由や財産を支配されたりすることは決してあり得ない。人間は生まれながら皆，そうした権利があるのだ，と考えました。生まれながらの権利のことを，ロックは「自然権」と呼びました。

生まれながらの権利……という言い回し，皆さんもどこかで聞いたことがあるフレーズなのではないかと思います。

そう，「人権」です。基本的人権という言葉は，小学校の社会でも学んでいるかと思うのですが，現代の日本の憲法や法律は，「人権」を守ろうという内容になっています。今，こうして生きている私たちの社会に，ロックの考え方は生きているということです。

さて，ロックの考え方の続きをお話しましょう。ロックは，「生まれながらにみんな自由なのだ」と主張しているのでした。でも，これを放置して，そのまま野放しにしておくと，人はお互いの「自然権」「人権」を侵害し合ってしまうだろうといいました。これは，先ほどお話した法がない場合のめちゃくちゃな世界を意味しています。

「俺は，自由なんだ。俺がこれを欲しいから，俺の物ってことにする」と言い出す人が現れ，別の人は，「私だって自由よ。私も欲しいから，あなたの物を奪ってやる」となります。みんな自由で，だけど，なんのルールもないまま放置すれば，社会はめちゃくちゃになって，力の強い人が勝ち，弱い人はいつもこき使われてばかり，ひどい場合は死んでしまう，また，力の強い人も，よ

り強い人が現れないかびくびくしながら過ごすというめちゃくちゃな世の中になってしまいます。

そこで、ロックは、そうならないために、人々が「お互いに権利を守りましょう」という約束をすることによって、国を作ればよいのだと考えました。これを「社会契約説」といいます。

こういう約束をすることで、国王は国民の自然権を守る義務が生じ、逆に国王が自然権を侵害するようなことがあれば、国民は政府を変える権利（これを「革命権」とか「抵抗権」とかいいます）があると主張しました。

【2】 政府を変える権利？——中国の民話から考える

政府を変える権利、といっても、ピンとこないかもしれないので、次のお話を紹介します。

◆中国の民話「王様と9人の兄弟」（あらすじ）

大昔、中国のある村に、年寄りの夫婦が住んでいました。2人は子どもが欲しかったのですが、授かることができませんでした。

ある日、おばあさんが池のほとりで泣いていると、池の中から1人の老人が現れ、「この薬を一粒飲むと、1人子どもが生まれる」と言って、9粒の薬をくれました。

おばあさんが9粒の薬をいっぺんに飲むと、9人の赤ちゃんが生まれました。ついた名前は、「ちからもち」「くいしんぼう」「はらいっぱい」「ぶってくれ」「ながすね」「さむがりや」「あつがりや」「きってくれ」「みずくぐり」。9人の兄弟は、顔も体つきもそっくりに成長しました。

その頃、王様の宮殿の大きな柱が倒れてしまいました。王様は「柱を元に戻してくれた者にはほうびをあげよう」と言いました。それを聞いた9人の兄弟は話し合い、ちからもちが柱を直しに行くことに決まりました。ちからもちは、柱を軽々持ち上げ、元に戻して帰ってきました。

翌朝、元に戻った柱を見て王様は驚きました。9人の兄弟の1人が直したと聞いても信用せず、「本当にそんな力持ちなら、これくらいたくさんのご飯を食べられるはず。食べられなければ、大嘘つきとして罰してやる」と言って、ご飯をたくさん用意させました。9人の兄弟は話し合い、くいしんぼうに行ってもらうことに決めました。くいしんぼうは、すべてのご飯を平らげました。

こんなすごい奴がいるのか……と怖くなった王様は、この後も無理難題を突き付けてきます。時には、崖の上から突き落としたり、燃やそうとしたり、こごえさせよう

としたり。そのたびに，9人の兄弟は話し合い，乗り越えていきます。

　そして，最後，9人の兄弟のうちみずくぐりが，口に含んだ水で王様を吹き飛ばしました。この日から，人々は王様からひどい仕打ちを受けることもなく，平和に暮らしました。

　9人の兄弟へ王様がした行為は，人権を侵害するものですね。民話の中の王様は，あっという間に柱を直し，たくさんのご飯を平らげるような「すごい奴」がいるのだとしたら，王様の座を奪われてしまうのではないか……と脅威を感じたのでしょう。自分の立場を守るために，国民の人権をないがしろにしてしまったわけです。

　ロックによれば，王様は，国民の人権を守る者です。国民は，「お互い，人権を守り合いましょう」と約束して，約束を破る者が現れたら，王様が「だめだぞ」といってくれる。だからこそ，約束を破る者も少なくなって，みんなで平和に暮らせる。そういうのが本来あるべき国家です。

　では，王様が，自分の都合で国民の人権を侵害したらどうするのか。ロックは，この物語のように，国民自ら，王様を吹き飛ばしてしまってよいのだ，と考えていました。別の，もっとすばらしい人が王様になればいいと考えたわけですね。

　この物語では，王様が吹き飛ばされた後，みんなで平和に暮らしたとありますが，現実社会では，王様不在のままだと，他人の人権を無視して平和を壊す存在が現れる可能性が高いでしょう。ですから，きっと新たなリーダーが現れ，国を守っていくことになるでしょう。

【3】　ルソーの考え方は？

　さて，ロックのほかにも，ヨーロッパには有名な思想家がいます。フランスの思想家ルソー（Rousseau,Jean-Jacques;1712〜1778年）を紹介しましょう。

　ルソーも，ロックと同じように，人間は本来自由で平等だと考えました。しかし，徐々に文明が発展すると，人々は財産を持つようになり，そのうち力の強い者がリーダーになってみんなを統治し，リーダーが財産を独占してしまいました。本来，自由で平等だった人たちが，統治する側と統治される側に分かれ，統治する側に都合のいい政治が行われることで，人々は自由を失い，不平等になってしまったと，ルソーは考えました。

そこで，本来の人間の自由や平等を取り戻すため，人々が「社会全体で人権を守りましょう」という約束を結んで，個人の権利を守ると同時に，社会全体の利益の両方を考えられる政府を作る必要があるとしました。

だから，ルソーは，「政治は，統治する側の一部の個人的な意見にかたよってなされてはいけない，人民全体の一致した意見によって行われるべきであって，政治の担い手は人民自身である」という考え方に至りました。

この考え方も，皆さん，聞いたことがありませんか？ そう，「国民主権」ですね。日本国憲法の原則としても取り入れられている考え方です。昔のルソーの考え方が，やはり今の日本の憲法や法律に生きていることが分かります。

【4】 モンテスキューの考え方は？

最後にもう一人，フランスの思想家モンテスキュー（Charles-Louis Montesquieu, 1689〜1755年）を紹介しましょう。

モンテスキューは，統治する側について，「三権分立」（さんけんぶんりゅうとも読む）の考え方を提唱しました。

今までの話では，人は皆，自由で平等で人権を持っている。だけれども，それをそのままにしておくと，めちゃくちゃな世の中になり，自由も平等もなくなってしまう。多くの人が暮らす世の中には，まとめ役や調整役が必要で，それが政治。政治の担い手は，国王の場合もあるし，ルソーによれば多くの人民になるわけですが，いずれにせよ，誰かが政治を担わないといけないということでした。

モンテスキューは，その政治の担い手が，誰であったとしても，権力が集中すれば，権力が濫用され，自由はなくなってしまうと考えました。そこで，権力が集中しないように，法律を作る立法権，法律に従って政治を行う行政権，法律に基づいて社会のトラブルを解決する司法権の3つに分散する「三権分立」の考え方を提唱しました。権力を分散して，互いに行き過ぎを抑えるという考え方です。

「三権分立」というのも，皆さん，聞いたことがありますよね。今の日本社会も三権分立の考え方に基づいて制度が作られています。

三権について，よく見てみると，どれにも「法律」という言葉が出てきます。法律を作る，法律に従って政治を行う，法律に基づいてトラブルを解決する。

この世の中が，自由で平等なものであるために，法律というものは，欠かせないものということが分かります。

　ちなみに私は，弁護士なので，この三権の中で，「司法」に携わる仕事をしています。

　法律があっても，守らない人は出てきますね。また，法律で何もかも決められているわけではなく，人々は自由にいろんな約束をしながら社会は回っていきますが，そうした約束を破ったり，約束内容がはっきりしなかったりしてもめ事が起こることはよくあります。

　社会で起こるいろんなトラブルを，ルールに従って解決するのが私たち弁護士の仕事です。「社会のお医者さん」のようなものです。体の悪いところを治してくれるのがお医者さんであり，人間同士がかかわる中で生まれた悪いものを正していくのが弁護士です。弁護士は，社会がめちゃくちゃにならないように，生まれながらの人権が不当に侵害されないように，と働いています。

▶▶3＿「人の支配」から「法の支配」へ

　「基本的人権」「国民主権」「三権分立」といった，基本的な考え方は，ヨーロッパの有名な思想家が考えたものでした。

　こうした考え方が生まれる前，実は，法が「人」だった時代がありました。

　法が「人」だなんて，イメージがわきにくいかもしれません。イメージとしては，『ドラえもん』のジャイアンみたいな感じでしょうか。「俺がこういっているんだから，みんな従え！俺が法なんだ。ルールは俺が作って，従うのはお前らだ！」といった感じですね。

　特定の強い者が自分に都合のいいルールを作り，権力者はそれに従わず，従うのは周りの人だけ。これが「人の支配」と呼ばれる状況です。

　でも，これでは，権力者の思うままの政治が行われ，権力者の気分次第でルールも変わるし，人々の生まれながらの権利「人権」は守られません。

　そういう中で，「人の支配」に対して，「法の支配」という考え方が生まれました。「法の支配」というのは，権力者であっても，国民と同様に法に従わなければならないという考え方です。

　安倍元首相の「桜を見る会」前夜祭の問題について，読者の皆さんは，覚え

ているでしょうか。「桜を見る会」は，時の首相が各界で功績があった人たち
を慰労するため，毎年4月に東京，新宿御苑で催してきた会でした。安倍氏は，
自らの後援会関係者をたくさん招待し，一流ホテルで格安の夕食会を行うなど，
会を私物化していた疑いをかけられました。夕食会の費用のうち，招待客から
集めた会費で賄えなかった分を，安倍事務所が補塡していたことをめぐって，
検察の捜査が行われ，元公設秘書は，政治資金規正法違反の罪で罰金100万円
の略式命令を受けました。安倍氏についても捜査が行われましたが，不起訴と
なりました。

　安倍氏は当時の首相で，行政のトップでした。つまり，「権力者」ですね。
安倍氏のような権力者であっても，法律のルールに従わなければなりません。
だから，安倍氏側の法律違反が疑われた時点で，三権のうちの司法の担い手で
ある検察が捜査を始めたわけです。

　今の日本は，権力者も国民も，等しく法律に従わなければなりません。日本
は，「人の支配」ではなく「法の支配」という考え方に基づいて社会が回って
いるということです。

第**2**章

私たちのルールをつくるのは誰ですか？

──神ですか？国家ですか？私たちですか？

▶§**1** __ 法律というルールをつくるのは誰ですか？

▶▶1__「多数決で決める」というルール──「間接民主制」と「直接民主制」

　第**1**章でみてきたように，私たちが，毎日自由に勉強や仕事をしたり，自由に好きなものを食べたり，安心して自分の家に住んだり，大好きな人と連絡を取り合ったり……当たり前の生活を送れているのは，法律のおかげだということがわかります。

　私たちの暮らしを支える法律ですが，誰がつくっているのでしょう？

　これは，皆さん，ご存知の通り，国会議員ですね。

　ルソーがいうように（→本書第**1**章13-14頁参照），権力者が自分の好き勝手にルールをつくったら，多くの国民の人権は侵害されてしまいますから，本来であれば，国民みんなで話し合ってルールをつくるべきです。それを「直接民主制」といいます。

　でも，日本国民の人数は，1億2500万人弱（2022年10月時点）。有権者の数をみても，1億人を超えています（2022年）。1億人が，いろんなルールをつくるために話し合ったら，うまくまとまりません。それに，その1億人は，日々，ルールをつくるために時間を費やすことはできないでしょう。みんな，それぞれ仕事や家事や育児，いろんなことに忙しいはずです。

　そこで，みんなの代表を選んで，代表者にルールをつくってもらおう，というのが「間接民主制」です。今の日本は，選挙で議員を選び，議員が国会で法律をつくっていますから，「間接民主制」をとっているといえます。

「国」となると国民の数が多いので，間接民主制が合っていますが，「都道府県」とか「市町村」とかになってくると，所属している人の数が少なくなりますので，政治に住民の声を直接届ける制度をつくりやすいです。また，できる限り，地方の政治においては，現場の声を聞きながら，地域住民の暮らしに寄り添うべきであり，直接民主制の要素を取り入れるべきだともいえます。

　そこで，地方自治については，住民自らが直接参加し，自治を行う制度が取り入れられています。

　たとえば，国の行政のトップである総理大臣（「首相」とも呼びます）は，私たち国民が直接選ぶことはできませんが，都道府県や市町村のトップ（首長）は，私たちが選挙で直接選んでいます。また，一定数以上の有権者である住民の署名を集めれば，「条例」という地方のルールを新しく制定したり，今までの条例を改正・廃止したりすることや，議会の解散等を請求することができます。さらに，住民投票により，首長や地方議会議員を直接クビにすることもできます（リコール）。

　なお，地方自治が始まったのは，第二次世界大戦後です。明治時代の「大日本帝国憲法」には地方自治に関する定めがなく，「日本国憲法」になって初めて定めが置かれ，「地方自治法」という法律がつくられました。

　直接民主制であれ，間接民主制であれ，民主主義というのは多数派の声が大きくなりがちです。しかし，ルールをつくる際，少数派の声にも耳を傾ける必要があります。

　よくニュースで報じられているように，日本の国会では，多数派の与党と少数派の野党が話し合って，いろんなルールを決めていますよね。少数派の人たちも「生まれながらの権利・自由」を持っているのだから，当然，少数派の意見も考慮してルールをつくっていく必要があるでしょう。

☕パウゼ 2.1__ 「法」・「法律」という言葉

　第1章では，法を「異なった価値観や個性を持った人々が社会をつくって生活するうえで，お互いを尊重しながら共に協力して生きていくためのルール」と捉えま

した。

　「法」は，憲法，法律，政令，省令，条例，条約……を含む広い概念であり，主に，観念的なものとして捉えられています。

　一方，「法律」は，国会の議決を経て成立する実定法（民法，刑法…のように○○法と名付けられたもの）をさすのが一般的です。法律は，選挙で選ばれた国民の代表である議員さんが国会でつくる，国のルールです。

　なお，「法律」は，広義には，法と同じ意味で使われることもあります。明治時代には，法が「仏法」（仏教の教義）と混同されることがあり，区別するために，法律という言葉が広い意味で用いられるようになったといわれています。

▶▶2＿法治国家と警察国家

　法律をつくるのは，国会議員ですが，国会議員を選ぶのは国民であり，結局，国民の意思によって法律はつくられることになります。

　国民の意思によってつくられた法律に基づいて，政治が行われる国のことを「法」が「治める」国家ということで，「法治国家」と呼びます。日本政府は，日本国民の意思が反映された法律に基づいて，いろんな意見や利害を有する国民同士を調整しながら，社会全体の利益が大きくなるよう，政治を行っているわけです。この意味で，日本は「法治国家」になります。

　「法治国家」の対義語が「警察国家」です。「警察国家」というのは，絶対的な君主（王様）が強制的に政治を行う国家のことをいいます。17〜18世紀のヨーロッパ，とくにドイツやオーストリアでみられた国家です。王様が，自分だけの判断で警察を動かし，人々を統治したため，「警察国家」と呼ばれるようになりました。

✍トピック 2.1＿　悪法も法か？──「法治国家」と「法の支配」

　「法治国家」という言葉は，第1章で出てきた「法の支配」という言葉と似ていますね。ちょっと細かい話になりますが，説明しましょう。

　「法治国家」というのは，19世紀前半にドイツで生まれた言葉でした。簡単にいえば，「法律に基づいて政治を行う国家」です。すると，法律に基づいていさえ

すれば，どんな政治も許されるという考え方に傾いていってしまう危険があります。実際，君主の力が強かったドイツでは，議会がつくった法律に従って政治をすれば，たとえ国民の生まれながらの人権を侵害したとしても，合法で許される……といった具合に，民主主義や基本的人権をないがしろにする方向へと傾いていってしまいました。

　でも，それはおかしいということで，第二次世界大戦後，ドイツでも，基本的人権が一番で，それに反する立法，行政，裁判はいけないのだという考え方に変わりました。すべての法が，基本的人権を保障した憲法に違反してはならないという考え方になり，憲法に違反していないかチェックする仕組みがつくられたわけです。

　一方，「法の支配」という言葉は，もともとイギリスで生まれたもので，「統治される側だけでなく，統治する側も法に従うべき」という考え方でした。ここでいう「法」とは，議会がつくった「法律」という形式的な意味を超え，あらゆる時代を通じて人間が守るべき不変のルールという意味合いが含まれています。

　つまり，「法治主義」という言葉が，形式的に法律さえ守ればいいと考え得るものであったのに対し，「法の支配」というのは，より実質的に，統治する側もされる側も人権に配慮したルールを守りましょう，という意味を持っていました。

　今の日本では，人権を侵害するような内容の法律は許されませんから，悪い意味の「法治国家」ではありません。日本は「法治国家」であり，同時に「法の支配」という考え方に基づき，社会が動いています。

▶§2 ＿ なぜ法を守らなければならないのか？

▶▶1＿法を守るということ

　ここまでのお話で，法というものがどんなものか，だんだんとつかめてきたのではないでしょうか。

　法は，社会がめちゃくちゃにならないためのルールで，守るよう国が強制してくれるもの。統治する側が勝手に法をつくると，統治される側の人権が侵害されてしまうかもしれないので，法は，国民みんなでつくる必要がある。日本では，法をつくってくれる代表を選挙で選んで，国民の意思を反映させている。……ということでした。

では，なぜ，法を守らなければならないのでしょう？

・国民みんなでつくったルールだから

・守らないと社会全体がめちゃくちゃになってしまうから

・「法は道徳の最小限」なら，せめて，最小限の部分だけは絶対に守らないと，社会が成り立たなくなってしまうから

・法を破ったら，国家によって強制されてしまうから

・法を破ってペナルティーを与えられると嫌だから

……どれもこれも，正しい理由だと思います。

　また，法を守ることは，結局は自分の利益を守ることになるというお話を一つ紹介しましょう。

♣「共有地の悲劇」

　すべての人が使用できる牧草地を，想像していただきたい。そのとき，牧夫はおのおの，できるだけ多くの牛を共有地に放そうとすると考えられる。〔中略〕 各々の牧夫は彼の利得を極大化しようとする。〔中略〕「私の群れにもう一頭加えると，私にいかなる効用が生ずるか」。〔中略〕 合理的な牧夫は，彼が取るべき唯一の行動はもう一頭を群れに加えることだ，と結論づけることになる。そして，もう一頭，もう一頭……と。しかしながら，共有地を分けあっているすべての合理的な牧夫が，このような結論に到達するのである。ここに，悲劇が生ずる。各人が，限りある世界において，限りなく自らの群れを増やすよう彼を駆り立てるシステムに，閉じ込められてしまうのである。共有地についての自由を信奉する共同体において，各人が自らの最善の利益を追求しているとき，破滅こそが，全員の突き進む目的地なのである。共有地における自由は，すべての者に破滅をもたらす。

　　　（ギャレット・ハーディン著／桜井徹訳「共有地の悲劇」シュレーダー＝フレチェット編／ 京都生命倫理研究会訳『環境の倫理　下』晃洋書房，1993）

　「共有地の悲劇」（「コモンズの悲劇」ともいう）は，アメリカの生物学者であるギャレット・ハーディン氏が1968年に「サイエンス」に発表した論文に書いた話です。

簡単にいうと，「ある村に共有の牧草地がありました。村人はそこで牛を育て，牛乳を搾り，それを売って生活していました。牧草地は共有ですから，村人には，牛を放つ自由があります。そのため，たくさんの売上げを確保するために，どんどん放つ牛の数を増やしていきました。すると，牛の数が増えすぎて，牧草が食べ尽くされ，牧草地は荒れてしまいました。その結果，村人全員が収入を失いました」という話です。

自分だけの牧草地であったなら，長くそこで牛を育て続けられるように，牛の数を調整しますよね？しかし，共有地であったから，他の人が牛を増やして，自分が損をしないようにするため，みんなが競うように牛の数を増やし続けてしまったということです。その結果，すべての村人が破滅することになりました。

牧草地の利用方法についてルールをつくっていれば，こんな悲劇は避けられたでしょう。

でも，ルールがあったとしても，それを守らなかったら，同じ悲劇を招くことになります。法を守ることは，自分の利益を守ることであり，さらには社会全体の利益を守ることです。

▶▶2＿法を変えることが必要な場合もある

今みてきたように，さまざまな理由から，法は，基本的には守るべきものです。国民みんなで「こういうルールをつくった方が，よりよく生活できるね」と考えてつくられたものですし，ルール違反が相次げば，違反を取り締まるのも大変になり，不公平が生まれたり，誰かの権利や自由が侵害されたりするかもしれません。

ただ，注意しなければならないのは，法も絶対ではないということ。

法をつくる国会議員も人間です。国会議員を選ぶ国民も人間です。間違いを一切犯さない神様が法をつくってくれるわけではありません。ですから，時には法の内容が，憲法に違反しており，法を守ることで逆に自由や権利が侵害されることもあるでしょう。また，時代が変わり，法が社会の実態からかけ離れてしまうことだってあります。時代遅れの法がそのままになっていて，それに従うと，不都合が起こることもあるでしょう。

このように法自体に問題がある場合には，法を変えていかなければなりません。

弁護士法には,「弁護士は,……法律制度の改善に努力しなければならない」と書かれています。弁護士というと,今ある法律を使ってトラブルを解決するだけの存在というイメージが強いかもしれませんが,法律の専門家として,今ある法律や法制度に問題があれば,改善させるよう働きかけることも求められているのです。

法律家ではない国民も,法は,自分たちの生活を左右するルールですから,ニュースなどをみて,日々興味を持っておくことが大切です。そして,何かおかしいと感じたら,自ら意見を述べたり,選挙に行って自分の考えに合った代表を選んだりするようにしましょう。

▶§**3** いちばん(効力の)強い「法」は何でしょうか?
――法の段階構造

▶▶1 法というルールを整理すると――効力の強度という基準からみて

さて,ここまでのお話で,「法」,「法律」,「憲法」,「条例」……など,いろんな言葉が出てきたので,この辺で,一度,整理してみましょう。

法律,憲法,条例……これらはすべて「法」です。「法」の中に,こうしたさまざまなものが含まれているわけです。

では,いちばん強そうな法は,どれだと思いますか。

多くの読者が,「憲法」と答えるのではないかと思います。「憲法は最高法規である」という話も聞いたことがあるのではないでしょうか。憲法自らが,98条で「この憲法は,国の最高法規」と定めており,「憲法に反する法律は無効」としています。

憲法の次に強い効力を持つのが,「法律」です。法律は,選挙で選ばれた国民の代表である議員さんが,国会でつくるのでした。国民の意思が直接反映されてつくられるルールなので,憲法に次いで強いわけです。

そして,憲法や法律を実施するために制定されるのが「政令」(施行令)です。政令は国会議員ではなく,内閣がつくります(憲法73条6号)。「法律」で細かいところまで全部決めてしまうと,ルールを変えたくなった時に,法改正が必

要になり，時間がかかってしまいます。現場に即した柔軟なルールにするために，細かいことは素早く変更できる「政令」に委ねることにしたわけです。

　政令より，さらに細かいこと，行政事務に関するルールなどを定めているのが「省令」（施行規則）です。「省令」は各省の大臣がつくります。

　強いもの順に並べると，「憲法」＞「法律」＞「政令」＞「省令」の順番になります。

▶▶2＿法をつくりそれをチェックするルール（上位ルール）

　選挙で選ばれた国民の代表が，国家全体のルールである法律をつくるわけですが，いくら国民の代表とはいえ，私利私欲で自分たちに都合のいいルールを作ってしまうこともあるかもしれません。そうなれば，みんなの自由や権利が侵害されてしまいます。

　だから，法律というルールをつくるためのルール（上位ルール）が必要で，憲法がその役割を果たしているといえます。憲法については，第**3**章・第**4**章で詳しく取り上げますが，人間が生まれながらに持っている「人権」について定めています。憲法に定められた「人権」を侵害するような内容の法律を議員さんがつくったら，それは憲法違反になり，無効になります。

　憲法に違反していないかチェックするのは，どこでしょう。そう，裁判所です。法律をつくる「立法」が暴走しないように，三権のうちの「司法」が見張っているわけです（→第**4**章を参照）。

▶▶3＿「条例」と「法律」の関係は？

　さて，ここまでは，日本という国の法についてみてきましたが，ほかに，都道府県とか市町村などの地方自治体が独自につくる法があるのでした。「条例」です。

　地方の「条例」と，国の「法律」はどちらが強いのかというと，その答えは「憲法」に書いてあります。さすが，ルールをつくるためのルールですね。

　憲法94条は，「法律の範囲内で条例を制定することができる」と定めているので，強いのは「法律」ということになります。でも，法律では全く定められていない事柄について，地方の実情に応じて，条例で規制することはできます

し，法律で定められている事柄であっても，法律と矛盾するものでなければ，条例でさらに厳しい規制をすることが許される場合もあります。

　国の法律で定められたルールと，住んでいる自治体で定められたルールが矛盾してしまったら，みんな困りますよね。どちらに従ったらいいのかわからなくなってしまいます。そういう問題が起こらないように，憲法は「国の法律と矛盾しない範囲で，地方の実情に合ったルールをつくれますよ」と定めているわけです。

▶▶4＿「条約という法」の位置づけは？

　日本という1つの国のルール，そして，地方のルールとみてきましたが，今度は目を海外に向けてみましょう。

　世界には，日本以外にもいろんな国がありますね。国と国のルールがなければ，今度は世界がめちゃくちゃになってしまいます。

　国と国のルールとして「条約」というものがあります。皆さんも，「日米安保条約」（日米安全保障条約）という言葉を聞いたことがあるのではないでしょうか。あれは，アメリカと日本が，日本の安全を守るために約束した条約です。アメリカが日本の安全を守ります，その代わり，日本は，アメリカ軍が日本にいることを認めます……というように約束したんですね。

　こんな風に，国と国はいろんな約束をして，秩序を守っています。「条約」は，日米安保条約のように，日本とアメリカという一国同士が結ぶものもありますが，「子どもの権利条約」（日本政府訳は「児童の権利に関する条約」）のように，世界のほとんどの国が締約しているものもあります。

　それでは，国同士の約束である「条約」と，日本の最高法規である「憲法」。どちらが強いのでしょうか？　ちょっと悩みますよね。他の国が絡んでいるのだから，条約なのか。いや，日本のルールの中で一番強いのは憲法だし，その憲法に違反した条約なんて許されないのではないか。いろいろ考えてしまいます。

　実際，条約と憲法のどちらが強いかについては，学者の間でも意見がわかれています。ただ，条約を結ぶときに，内閣法制局などが，日本の憲法に違反していないかどうかはきちんとチェックするものなので，憲法違反の条約が結ばれてしまうケースは極めてまれだと思われます。

図2.1 「法」（というルール）の効力の強さの階層イメージ

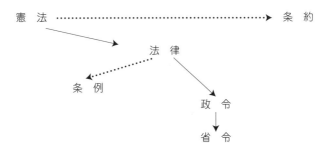

▶▶5＿「法」というルールの効力の強さについてのまとめ

　というわけで，「法」について効力の強さを意識しながら，図にまとめてみると，図2.1のような感じになります。

▶§4 ＿ 法を特徴ごとにわけてみよう

　法は，日本国民全員の国家全体にわたるルールですから，形式も内容もいろいろです。

　そこで，これから，法を，その形式や内容によって分類してみましょう。似たもの同士をまとめると，法についてより理解できるようになると思います。

▶▶1＿成文法と不文法

　まず，法の形式面から分類していきましょう。

　皆さん，法律というと，分厚い本をイメージしませんか？『六法全書』という言葉を聞いたことがある読者も多いのではないでしょうか。『六法全書』は，分厚い辞典のような本で，そこに「〇〇法，1条，2条……」とずらっと条文が並んでいます。

　つまり，私たちがイメージする「法律」というのは，紙に記すことができるものです。日本国憲法も，小学校や中学校の授業で前文を暗記させられたり，条文を読んだりしたことがあると思いますが，皆さんご存知の通り，文書になっています。こうした文書化された法を「成文法」と呼んでいます。

わざわざ「成文法」なんて呼び方があることからも明らかなように，世の中には，文書になっていない法もあります。「不文法」と呼ばれるものです。

たとえば，「慣習法」。「慣習」とは，ならわしとか，しきたりとかいわれており，古くから口頭などで受け継がれていくものであり，文書の形で書き記されているわけではありません。なんとなく，みんなが同じことを反復継続して行うようになると，自然と「そうしなくてはいけない」と人々が思うようになって，一つのルールになる，そうしたものが慣習です。慣習には，強制力のないものもありますが，中には，法と同視できるほどの強い拘束力を持つものもあり，後者を「慣習法」と呼びます。慣習法は，国会議員がつくった法律ではないものの，社会秩序を守る強制力のある不文法です。

☕パウゼ 2.2＿ 「慣習」も大事なルール

法の適用に関する通則法3条には，「公の秩序又は善良の風俗に反しない慣習は，法令の規定により認められたもの又は法令に規定されていない事項に関するものに限り，法律と同一の効力を有する。」と定められています。

人によって守ったり守らなかったりする緩いしきたりではなく，社会の構成員皆が守らなければならないと信じている「慣習法」については，法律と同一の効力を有することが明らかにされているわけです。

また，個別の法律で「慣習に従う」と定めているものもあります。

たとえば，お墓を誰が継ぐのか？について，法律は，亡くなった人の指定がない限り，慣習に従って承継すると定めています（民法897条1項）。なお，慣習が明らかでなければ家庭裁判所が決めることになります（同条2項）。

商売に関する事柄について，商法は，商法に定めのない事柄については商慣習に従うこと，商慣習がないときは民法に従うことを明らかにしています（商法1条2項）。

このように，社会の中で長い年月をかけて築かれてきた慣習は，社会秩序を守るという重要な役割を果たしています。

ほかにも，「不文法」の1つとして，「判例法」があります。判例法とは，裁判所の判断の積み重ねが法になるというものです。

社会で何かトラブルが起こると，「訴えてやる！」といって裁判になることがあります。世の中にはいろんなトラブルが起こりますが，同じ人間ですから，

トラブルの中身も似たり寄ったりということは多いです。よく，世の中のもめ事は，ほとんどが「金」か「男と女」だ……などといいますよね。裁判所には，日々似たような訴えが起こされ，裁判官は，同じ判断基準を用いて判決を繰り返し出します。その判断基準が，1つのルールになったもの，それが「判例法」です。

　裁判官によって，判断基準がまちまちになってしまうと，裁判官の当たりはずれによって，異なる判決になってしまいます。それでは，不公平ですよね。そういったことがないよう，裁判所は過去の裁判を参考にして，同じ基準を立てて，今回のケースではどうなのか，判断してくれます。その積み重ねられた判断基準が1つのルール，法として機能しているわけです。

　判例法は，私たちがイメージするような「○○条」といった形で文書化されているわけではないので，「不文法」ということになります。

　日本は，成文法を中心とする国です。これは，第1章でふれましたが，明治時代以降，日本がヨーロッパの法律を参考に，法律をつくっていったことが関係しています。特に大きな影響を受けたフランス法やドイツ法を含め，ヨーロッパ大陸の法律は「成文法」が中心でした。

　これに対して，イギリスやアメリカは，「不文法」を中心とする判例の積み重ねによって法をつくるということが行われてきました。特にイギリスでは，国の一番強い法である憲法さえ，「不文法」です。イギリスでは，一つのまとまった憲法は存在せず，「判例法」や「慣習法」が憲法の役割を果たしているわけです。なお，アメリカには，アメリカ合衆国憲法という成文法の憲法があります。

▶▶2＿公法と私法

　次に，法の内容に基づいて，似たもの同士をまとめてみましょう。

　1つのわけ方に，「公法」と「私法」という分類がありえます。

【1】　公法とは

　「公法」とは，大まかにいえば，国家と国民との関係について定めた法です。国家を規律するためのルールを定めたものも公法です。

　法は，社会がめちゃくちゃにならないために生まれたルールでした。たくさ

んの人が暮らす社会では，リーダーが現れて，国が生まれます。国民みんなが持っている「生まれながらの人権」は，放置しておくと，弱肉強食の世の中で侵害されてしまうから，みんなが守るべきルールをつくって，守らない人には強制的に守らせることが必要です。強制的に守らせてくれるのが国家権力になります。

　たとえば，AさんとBさんがけんかして，頭にきたAさんがBさんをナイフで刺し殺してしまったとしましょう。「人を殺してはいけない」というルールを破ったAさんに罰を与えてくれるのは，国家ですね。警察がやってきて，捜査が行われ，裁判にかけられて，刑罰を受けなければならなくなります。ここで出てきた警察も検察も裁判所も，国家権力。こうした犯罪に関係した法律（刑法など）は，国家権力と国民との関係を定める法律だから，公法になります。

　また，一番強い法である憲法も公法です。憲法には，「国民主権」とか「基本的人権の尊重」とかが定められていますが（→第**3**章，第**4**章参照），こうした原則を守らなければならないのは，国民ではなく，国家です。国家権力が，私たちの基本的人権を侵害するような法律をつくってはいけない，基本的人権を侵害するような政治を行ってはいけない……と定めているわけです。ですから，憲法も国家権力と国民との関係を定める法であり，公法に分類されます。

　そのほか，公法には，行政の活動に関する法律（行政法など）や，訴訟の手続を定めた法律（民事訴訟法，刑事訴訟法など）などがあります。

【2】　私法とは

　これに対して「私法」とは，私たち国民同士の関係を定めた法律です。

　たとえば，「物を売ったり買ったりする約束をしたら，誰にどんな権利や義務が生じるのか」とか，「お金の貸し借りの約束をした場合はどうか」とか，私たちが日々の生活に直接かかわるルールを定めた「民法」という法律があります。民法には，結婚とか離婚，親子関係，相続などの，家族に関するルールも定められています。まさに民法は，私たち，国民同士のさまざまな関係を定めた法律なので，私法の代表例になります。

　そのほか，商人が行う商売に関するルールを定めた「商法」なども，私法に分類されます。

　なお，「民事法」・「刑事法」という分類法については，第**6**章を参照してく

ださい。

▶▶3＿一般法と特別法

　ほかにも，「一般法」と「特別法」というわけ方があります。この区別は，相対的なもので，○○法は一般法で，××法は特別法，という形で，法律ごとに決まっているわけではありません。

　わかりやすくするために，先に「特別法」について説明しましょう。「特別法」というのは，特定の人や特定の場所，特定の事柄に限って適用される法律のことです。これに対して，「一般法」は，一般的に適用される法律ということになります。

　たとえば，先ほど述べたように，「民法」には，私たちが物の売買をしたらどうなるのか，お金の貸し借りをしたらどうなるのか，といった契約に関するルールが定められています。これに対して，「商法」は，商売をするときの契約について定めています。商人が商売をするときに限って適用される法律なので，「商法」は「民法」の「特別法」ということになります。

　特定の人・場所・事柄では，このようなルールの方がふさわしいと考えて作られているため，「特別法は一般法に優先」します。商人が商売をするときは，商人専用のルールである商法を優先的に適用する。商法に定めがない場合，一般法である民法を補充的に適用する……そういうルールになっています。

　ほかにも例を挙げると，民法には貸し借りに関する一般的なルールが定められていますが，土地や家の貸し借りについては，「借地借家法」という特別の法律がつくられています。土地や家といった不動産の貸し借りでは，特に貸す方が強く，借りる方が弱い立場にあります。住んでいる場所を追い出されたら，日々の暮らしもままならなくなってしまうからです。貸し借りに関する一般的なルールを適用するだけでは，借りる人を守れないということで，土地や家に関しては，借りる人を法律でより強く保護してあげる必要が認識され，「借地借家法」という法律ができました。

　ですから，不動産の貸し借りに関しては，一般的なルールを先に適用するわけにはいきません。「借地借家法」を優先的に適用して，そこに書かれていないことについては，補充的に民法という一般法を適用することになります。

日本には，たくさんの法律がありますから，このように法律同士の優劣関係をはっきりさせておかないと，ルールが不明確になってしまいます。民法と商法はどちらも契約についてルールを置いていますし，民法と借地借家法はどちらも貸し借りについて定めていますが，重なり合うルールのうちどちらが優先するのか，決まっているわけです。ルールの優劣を考える際，「一般法」「特別法」という区別が役に立ちます。

▶▶4＿実体法と手続法
　さらに，「実体法」と「手続法」という分類もあります。

【1】　実体法と手続法の関係
　「実体法」というのは，権利や義務の本体について定めた法律のこと。どのような場合に，誰に，どんな権利や義務があるのか定めています。たとえば，民法や刑法は「実体法」に当たります。

　これに対して「手続法」というのは，実体法で定められた権利・義務を実現する手続（き）を定めた法律です。たとえば，民事訴訟法や刑事訴訟法が「手続法」に当たります。

　たとえば，お金の貸し借りの場面を想定しましょう。AさんがBさんに100万円を貸しました。3か月後に返してくれるという約束でしたが，Bさんは「今はお金がないんだ，あとちょっとだけ待って」などといって，なかなか返してくれません。

　権利について定める民法によれば，Aさんには，Bさんから100万円を返してもらう権利があります。けれども，Bさんが自分から返してくれなければ，Aさんの権利は実現されません。まさに，「絵に描いた餅」ですね。「絵に描いた餅」というのは，どんなに巧みに描いてあっても，描かれた餅は食べられないことから，「何の役にも立たない」ことのたとえです。

　つまり，「実体法」で権利を定めても，それを実現する方法を定めたルールがなければ意味がないということです。「実体法」と「手続法」が両方そろって，やっと権利が実現することになります。

　100万円を貸したAさんは，裁判を起こし，裁判所に権利を認めてもらい，それでもBさんが返そうとしないなら，国家に強制的にBさんの財産を差し押

さえてもらうなどして，100万円を返してもらう権利を実現します。「手続法」には，裁判の手続や強制的に差し押さえる手続などが定められているわけです。

　ここまでのお話で，「実体法」で定められた権利があるのなら，Aさんは，自分でBさんのところに行って，無理やり100万円を返させればいいのではないか，と考えた人がいるかもしれません。権利があるのなら，どう実現させたっていいではないか……という発想ですね。

　しかし，仮にAさんに本当に100万円を返してもらう権利があったとしても，返させる方法についてルールを定めず，Aさんの自由に任せっぱなしにしたら，今すぐお金を返してほしいAさんは，暴力や脅迫などの手段に出るかもしれません。権利の実現方法についてルールがなければ，権利さえあれば，どんな手段も適法となり，社会は大混乱です。それに，力の強い者は強引な方法により返してもらえるかもしれないけれど，力の弱い者は泣き寝入りするしかない社会になって，不公平が生まれます。

　また，Aさんは100万円を貸したと思っていても，Bさんは100万円をもらったと思っていて，そもそも貸し借りがあったのかどうかが争われているようなケースもあります。Aさんの中では，権利があると確信していても，実はそれが勘違いということもあるわけです。

　ですから，権利があると考えるAさんは，「手続法」に定められたルールにのっとり，必ず，裁判などを起こして，権利があるのかどうかはっきりさせて，権利を実現させなければなりません。このように，権利者であっても，国家の定めた手続（裁判等）をせずに，自ら実力を行使して権利を救済（実現）することは禁止されるという原則を「自力救済の禁止」と呼んでいます。

【2】　法の手続による救済・制裁

　近代の法では，法をおおやけに掲げて国家に運用を任せる代わりに，それまで行われていた自力による救済や私的な制裁を禁じました。それに代えて，法（手続）による救済，法（手続）による制裁を制度として用意したといわれています。

✍トピック 2.2＿　万引き犯の顔を公開！？

　2014年，万引きの被害を受けた漫画専門古書店が，防犯カメラに写った犯人

のモザイク写真を公開し，犯人に対して，「モザイクなしの顔をネットで公開されたくなければ，指定した期限までに盗品を返還せよ」と警告して問題になったことがあります。

これについて，読者の中には，「万引きはいけないことなのだから，そのくらいしたっていいんだ」と思う人も少なくないかもしれません。

でも，万引き犯の顔を勝手に公開する行為は，先ほどお伝えした「自力救済の禁止」に触れる可能性があります。

お店には万引きされた商品を返してもらう権利があるけれど，法の手続によらず，勝手に報復することは認められていません。「この人が万引き犯です！」とモザイクもかけず，人物を特定できる形でネットにさらせば，それ自体，名誉棄損やプライバシー侵害などの違法行為にあたる可能性があります。万引き「被害者」のお店が，自力救済（＋私的制裁）によって，今度は「加害者」になってしまうこともあり得るわけです。

万引きは窃盗罪という立派な犯罪です。犯罪が起これば，警察という国家権力が捜査を始めますね。警察は，強制的に逮捕したり，住居などに立ち入って調べたりすることができる強い力を持っています。だからこそ，法律は，犯罪捜査にあたって，警察などが暴走しないように，きちんとルールを定めているわけです。

被害者は警察に捜査を任せる必要があります。そして，警察がルールに従って捜査することで，社会の秩序が守られていくわけです。

結局，この件では，警察からの要請もあって，防犯カメラ映像の公開は中止されました。

第3章

日本国憲法のことを掘り下げて考えてみよう ❶
——より広くさらに深く考えるために

　憲法は「法の王様」であり，一番強い効力をもっています（→第2章§3）。憲法に違反する法律をつくることは許されませんし，憲法に違反する政治も許されません。社会は，憲法の定めたルールに従って動いています。

　私たちは，高校までに『公民』・『公共』科目でひととおり日本国憲法について学んでいますが，ややもするとテストに出る重要事項の暗記の勉強が中心ではなかったでしょうか？　憲法については，実は，まだ知らないこと，考えておかなければいけない大切なことがたくさんあるかもしれません。

　また，テスト用・試験用の知識として表面的には知っていても，国家・国民・社会のこととして，自分のこと，人（人間）一般のこととして，深く考える勉強をあまりしてこなかったかもしれません。

　そこで，第3章と第4章では，私たちの社会を支える日本国憲法とはどんなものなのか，掘り下げてみていきたいと思います。

▶§1 ＿ 国家権力を制限し，人権を守る憲法——「立憲主義」の思想

　第1章，第2章でみてきたように，国は国民に法を守らせるなどの強制力，権力を持っています。

　強大な権力を野放しにすれば，権力者は好き勝手に振る舞えることになり，権力者により国民の人権は侵害されてしまいます。たとえば，政府の気に入らない発言をした人を不当に逮捕したり，国が行おうとする事業に無理やり国民を駆り出したり……なんでもできてしまうでしょう。

　そこで，登場するのが憲法です。憲法は，国のもつ権力を制限し，広く国民

の権利を保障します。国は憲法を守って政治を行う必要があります。このように，すべての人々が個人として尊重されるために，憲法が最高法規として国家権力を制限し，人権保障をはかるという考え方を「立憲主義」といいます。

「立憲主義」の考え方は，「法の支配」（→第1章参照）と密接に関連しています。「法の支配」とは，権力者であっても，国民と同様に法に従わなければならないという考え方でした。「立憲主義」は，権力を持つ国家は，憲法に基づいて政治をしなければならないという考え方です。いずれも，国民一人ひとりの人権・自由を守ることを目的としています。

そして，立憲主義も法の支配も，「民主主義」と深く関係しています。

国民が権力の支配から自由であるためには，国民自身が政治に積極的に参加する民主制度が必要です。また，民主主義というのは，単なる多数派の支配ではなく，すべての国民の自由と平等が確保されてはじめて意味を持ちます（立憲民主主義）。このように，立憲主義と民主主義は密接に結びついているわけです。

また，国民の権利や自由を制約する法律の内容は，国民自身が決定することが大切であり，「法の支配」と民主主義も結合しています。

▶§2 __ 憲法は誰がつくるのか──「民定憲法」と「欽定憲法」

▶▶1 __ 誰がつくり，誰が定めて，誰が守る？

憲法は誰がつくるのか，考えてみましょう。

日本国憲法をつくるのは，私たち国民です。国民が制定した憲法のことを，「民」が「定める」と書いて「民定憲法」といいます。日本国憲法やアメリカ合衆国憲法，フランス憲法などは，「民定憲法」です。

これに対して，王様（君主）が国民に与える形で制定した憲法を「欽定憲法」といいます。戦前の大日本帝国憲法は，天皇が国民に与える形で制定したものだったので，「欽定憲法」です。

ここでルソーの考え方を思い出しましょう（→第1章参照）。

もともと人間は自由で平等だったのだけれど，それを放置しておくと，強い人が富や財産を独占して，弱い人の自由が失われ，不平等な社会になってしま

う。だから，人々は，もともと持っていた自由や平等（自然権）を守り合う約束をする。社会全体で，一人一人の自由や平等（自然権）を守るためには，政治は人民全体の一致した意見によって行われるべき。だから，政治の担い手は人民自身，つまり「人民主権」が正しい考え方である……というものでした。

　日本も，こうした考え方に影響を受け，「国民主権」を受け入れました。だから，日本国憲法の三大原則の1つは「国民主権」であり，憲法自身も，国民がつくる「民定憲法」なわけです。

　国民が定める憲法といっても，国民全員で憲法の内容を話し合って決めることは現実的ではありません。国民の代表が集まる議会でつくって，国民の名で制定するという間接的な方法でつくられた憲法も「民定憲法」になります。

　そうしてつくられた憲法を守らなければならないのは，国家です。国家は，憲法に縛られ，国民主権を否定したり，基本的人権を侵害したりすることは許されません。

▶▶2＿「憲法をつくり定める」という作業は何に基づいて行われるか？

　憲法をつくるのは国民……ということでしたが，国民には，憲法をつくり，憲法上の諸機関（国会など）に権限を付与する力があると考えられています。国民のもつこの力は「憲法制定権力」と呼ばれています。国民には憲法制定権力があり，一国の憲法は，その国の国民の自由な意思に基づき，制定されなければなりません。

　でも，実は，日本国憲法は，純粋に日本国民の意思だけでつくられたわけではありません。第二次世界大戦で日本は連合国に無条件降伏し，ポツダム宣言を受諾。そして，日本国憲法は，連合国軍の占領下において，連合国軍総司令部の強い指示などを受けて，制定されました。そのため，「これでは，日本国民が自主的につくった憲法ではない，他国から“押し付けられた”憲法だから，全面的に改正すべきなのではないか」という意見も主張されてきました。

　しかし，総司令部案（いわゆるマッカーサー草案）が発表される頃には，多くの国民が日本国憲法の価値観に近い意識を持っていたと考えられており，当時の政府も，帝国議会における審議の段階では，マッカーサー草案の考え方を積極的に支持していました。また，日本国憲法の草案は，女性にも選挙権を認め

た完全な普通選挙を経て，審議・可決されています。そして，憲法施行1年後2年以内に改正の必要があるか検討する機会を与えられながらも，政府は「全く改正の必要がない」という姿勢を示し，日本国憲法が施行されてから今まで，憲法の基本原理は国民の間に浸透し，定着しています。

　こうした事情などを総合的に考慮すると，日本国憲法は日本国民の自由な意思に基づいてつくられたものと考えてよいのではないでしょうか。

☕パウゼ 3.1＿　聖徳太子の「十七条の憲法」も憲法ですか？

　憲法とは，国民の権利や自由を守るために，国がやってはいけないこと，やるべきことについて，国民が定めた法です（→第**2**章**4**【2】）。

　それでは，有名な聖徳太子（厩戸皇子）の「十七条の憲法」も憲法なのでしょうか。

　十七条の憲法がつくられたのは，604年。「一に曰く，和をもって貴しとなし，さからうことなきを宗とせよ。二に曰く，あつく三宝を敬え。三宝とは仏・法（仏教の教え）・僧なり。三に曰く，詔（天皇の命令）をうけたまわりては必ずつつしめ」……という，はじめの3条は，教科書などに引用されることも多く，よく知られています。改めて読んでみると「〜せよ」など，誰かへの命令，要求のように読めます。

　十七条の憲法は，役人（官僚）に向けられており，聖徳太子が思う役人の心構えをまとめたものです。聖徳太子は，天皇中心の国家体制を目指し，冠位十二階の制度を定め，家柄にとらわれずに，有能な人材や功績のある者を役人にならせました。そのうえで十七条の憲法を定め，役人として守るべき心構えを示し，日本を理想の国に導こうとしたのです。

　こう考えると，十七条の憲法は，「憲法」という言葉で語られているものの，国のあり方（国民の権利や自由を守るために，国がやってはいけないこと，やるべきこと）を定める（近代的意味での）憲法とは似て非なるものといえます。

▶§**3**＿憲法を「変える」／「改正する」ということ

▶▶1＿憲法を改正するという問題のとらえかた

　憲法には，基本的人権の尊重や国民主権といった，とても大切な原則が定められており，憲法は安定した存在であることが求められています。そうはいっ

ても，社会は常に動いており，憲法の内容が時代に合わなくなることもあるでしょう。憲法を変えたくなったらどうしたらよいのでしょうか。

国民がつくる憲法だから，それを変えるときも，国民の賛成が必要になります。日本国憲法は96条で，憲法を改正するには，「国民の承認」が必要だとはっきり定めていて，「承認には，特別の国民投票（または国会の定める選挙の際行われる投票）で過半数の賛成が必要」としています。憲法改正に関しては，国民の声を直接聞こうということで，直接民主制を取り入れているわけです。

もし，憲法を改正するための国民投票が行われるとすると，読者の皆さんは，投票に行く権利があるのでしょうか。

誰が投票できるのか，そして，具体的にどうやって国民投票を行うのかについては「憲法改正国民投票法」という法律が定めています。憲法改正国民投票法は，2007年5月に成立し，2010年5月に施行されました。当時は，20歳以上の国民が投票できるとされていたのですが，選挙に行ける年齢が18歳以上に引き下げられたこともあり，憲法改正国民投票法も改正され，今では，18歳以上の国民が国民投票に参加できることになっています（2018年6月21日以降）。

▶▶2＿変えにくい憲法と変えやすい憲法──「硬性憲法」と「軟性憲法」

さて，先ほど，日本国憲法を改正するためには，「国民投票で過半数の賛成が必要」とお伝えしましたが，皆さん，これについてどう感じましたか。

日本の有権者数は1億人を大きく上回っています。それを踏まえても，かなり高いハードルに感じませんか。

日本国憲法を変えるためには，まず，①国会議員全体の3分の2以上の賛成が必要です。国会は，衆議院と参議院の2つにわかれていますが，各議院，それぞれ3分の2以上の賛成がなければなりません。「半分以上（過半数）」より多くの賛成が必要ということで，第一段階のハードルもそれなりに高いことになります。それをクリアしてから，先ほどからお話ししている②国民投票で，投票総数（賛成の投票数と反対の投票数を合計した数）の過半数の賛成が必要になります。

日本国憲法を改正するには，かなり高いハードルを越えなければならないということです。このように，法律をつくるときよりも，厳しい手続を経ないと改正できない憲法のことを，「硬」い「性」質の憲法ということで，「硬性憲法」

と呼びます。逆に，簡単に変えられる憲法を「軟性憲法」といいます。

　世界の憲法を見渡してみると，ほとんどは日本と同じ硬性憲法です。軟性憲法はイギリスやニュージーランドなど，一部の国にとどまります。どうして硬性憲法が主流なのかというと，多数派の権力行使に歯止めをかけるため，というのが1つの理由です。

　民主主義の国は，皆，国民の多数派の意見によって社会が動いていきます。日本も，「国民主権」の考え方に立ち，国民が選挙で選んだ代表が法律をつくり，その法律に基づいて政治がなされているのでした。選挙で多くの票を集められた人たちの考え方が，議会で多数派となり，多数派の考え方が立法にも政治にも大きな影響力を持ちます。

　でも，多数派が間違えることもよくあると，歴史は教えてくれます。たとえば，ナチスドイツもそうですし，戦前の日本も，国民の多数派は戦争を支持していました。

　国民の多数が誤って「戦争をしよう」と考えても，戦争を放棄し「平和」を掲げる憲法があれば，日本が戦争に突き進むことはできません。もし，簡単に憲法を変えることができるのであれば，多数派は憲法を変えて，戦争に突き進む道を選ぶでしょう。でも，国会議員全員の3分の2以上の賛成と，国民投票という2つのハードルを設けることで，法律をつくったり変えたりするときよりも多くの国民の賛成が必要になり，少数派の意見によって思いとどまることができる可能性が上がります。

　最初の授業で紹介した，ロックやルソーの考え方にある通り，私たちは，生まれながらに皆，人権があるのでした。それは，多数派も，少数派も同じです。でも，民主主義というシステムは，基本的に多数派の考え方で動きますから，下手をすると，少数派の人権をないがしろにする法律がつくられたり，政治が行われたりする危険があります。ですから，憲法というのは，特に少数派の人権を守ることを大切にしています。その憲法を簡単に変えられれば，多数派は，さっさと憲法を変えて自分たちに都合のいいルールをつくるでしょう。そうならないように，憲法を変えにくくしているわけです。

　「平和」とか「人権」とかいうものは，多数決でも変えてはいけない価値です。こうした価値を憲法に定め，多数派に支えられた国家権力に対しても，憲法を

守らせ，「平和」や「人権」を守るというのが「立憲主義」です（→▶§1参照）。

　実際に，憲法を改正するか否か，考える場面に遭遇したら，「平和」や「人権」，特に少数派の人権を守る方向の改正なのかどうかを，じっくり考える必要があるでしょう。

▶▶3＿童話「わるい王さま」から考えてみよう

　さて，ここで，1つアンデルセン童話をご紹介したいと思います。「わるい王さま」というお話です。

◆「わるい王さま」（伝説）

〔前略〕

　王さまは，火と刀を持って，国から国へと進んで行きました。王さまの兵隊たちは，畑の穀物をふみにじり，農家に火をつけました。〔中略〕

　かわいそうに，おかあさんたちは，生れたばかりの，はだかの赤んぼうをかかえて，まだ，ぶすぶすと煙（けむり）のあがっている，かべのかげにかくれました。ところが，兵隊たちは，すみからすみまで，さがしまわりました。〔中略〕

　王さまの力は，一日，一日と，強くなりました。〔中略〕占領（せんりょう）した町からは，黄金や，たくさんの宝物を，持ってかえってきました。〔中略〕

　王さまは，りっぱなお城や，お寺や，アーケードなどを，つぎからつぎへと，たてさせました。そのすばらしいありさまを見た人たちは，みんな口をそろえて，

　「なんという，えらい王さまだ」と，ほめそやしました。

〔中略〕

　「それでは，わしは，神さまをもせいふくしよう」

　こう言うと，心のおごった，ばかな王さまは，空を飛んでいくことのできる，一そうの船を作らせました。〔中略〕

　わるい王さまは，〔中略〕天使めがけて，何千というたまを，うち出しました。たまは，天使にあたりました。〔中略〕そのとき，天使の白いつばさから，血が一しずく，たった一しずく，したたりました。その一しずくの血は，王さまのすわっている，船の上に落ちました。

　と，どうでしょう。その血は，火のかたまりのようになりました。しかも，何千キログラムもある，おもたいなまりのようになって，船をおさえつけました。船は，ものすごい速さで，地球めがけて落ちていきました。

〔中略〕

王さまは，今度は，七年もかかって，空を飛ぶための船を作らせました。

〔中略〕

神さまは，ハチのむれを，王さまのところへ，おくってよこされました。〔中略〕

そこで，王さまは，

「上等のじゅうたんを持ってこい。わしのからだに，まきつけるんだ」と，家来に言いつけました。じゅうたんを，からだにまいていれば，いくらハチでも，針をつきさすことはできまい，と思ったのです。

家来は，言いつけられたとおりにしました。ところが，一ぴきだけ，じゅうたんのうちがわにとまっていた，ハチがいました。そのハチが，王さまの耳の中にはいこんで，ちくりとさしたのです。と，たちまち，王さまの耳は，火のようにあつくなりました。毒は，頭の中にまではいりこみました。

王さまは，身をもがいて，じゅうたんをふりすてました。着物までも，ひきさきました。やばんで，らんぼうな兵隊たちの前で，王さまは，はだかのまま，踊りまわりました。

兵隊たちは，気が狂った王さまをばかにして，げらげら笑いころげました。なにしろ，神さまの国をせめようとして，たった一ぴきの，小さなハチのために，あっというまに，やっつけられてしまったんですからね。

（ハンス・クリスチャン・アンデルセン，矢崎源九郎訳
『わるい王さま（伝説）』，青空文庫，2021年，
https://www.aozora.gr.jp/cards/000019/files/60151_73482.html 2023-03-26閲覧）

王様が戦争を起こし，何も悪くない他の国で暮らす人々の暮らしをめちゃくちゃに破壊したとしても，もしかすると，国民の多くは，王様がお金をたくさん奪い取ってきて，立派な施設をつくってくれるから「いい王様だ！もっとやってやれ」と思ってしまうものなのかもしれません。

けれども，王様の行いは，明らかに間違っています。誰もが持っている人権を踏みにじり，平和を破壊しました。童話の中では，ハチが王様の悪事を止めてくれましたが，現実社会の中では，そう都合よくハチは現れません。

多数派が間違った判断をしそうなときに，「ちょっと待って。人権を，平和を，守らなくちゃいけないよ」と止めてくれる存在。それが憲法です。だからこそ，日本国憲法は，数の力で簡単に変えられないようになっているわけです。

▸▸ 4＿憲法改正に限界はないのか？

　憲法に定められた改正手続に従えば，どんな改正も許されるのか？というと，そうではありません。

　国民には，憲法をつくる力「憲法制定権力」があるのだから，自由に変えることもできるのではないか？と考える読者もいるでしょう。しかし，たとえば，国民主権を否定したり，基本的人権に関する定めをなくしたりすることは，理論的に許されないと考えられています。

　憲法を変える力「改正権」は，「憲法制定権力」（「国民主権」）から生まれ，憲法の中で制度化されたものです。改正権自らが国民主権を否定することは，たとえるなら自殺行為であり，理論的に成り立たないと考えられます。

　人権についても，国民主権と結びついた憲法の本質というべき価値であり，人権を尊重するという基本原則自体を変えることは許されません。個々の人権規定に補正を加えたり，時代に合わせて新しい人権を加えたりすることはできますが，人権の価値を丸ごと否定することは許されないのです。

　日本国憲法は，前文で，人権と国民主権を「人類普遍の原理」とし，「これに反する一切の憲法……を排除する」ことを宣言しています。これは，憲法改正に法的な限界があることを，憲法自ら認めているということです。

🔥トピック 3.1＿　国家緊急権は必要か？──憲法改正論議の焦点①

　さて，日本国憲法については，第1次安倍政権のとき（2007年）に「憲法改正国民投票法」がつくられ，特に，2012年から始まった第2次安倍政権以降，改正がたびたび話題になってきました。

　「憲法改正」といっても，どこをどう変えるのかについては，さまざまな意見があり，議論になっています。たとえば，緊急事態に関する条文を新たに入れるべきではないか，という案もあります。

　少し前まで，緊急事態の話は実感がわきにくいものでした。「そんなの，実際にはいつ起こるかわからないし」とか「緊急事態っていったって，どんなことなの？」とか，具体的に想像するのが難しく，多くの人があまり興味を持たないテーマだったわけです。ところが，2020年，日本でも新型コロナウイルスが蔓延し，まさに国家の緊急事態となり，有事について，日本国民全員が無関心ではいられなくなりました。

日本国憲法には、「国家緊急権」の規定がありません。「国家緊急権」というのは、戦争や大災害などの有事に、政府が憲法秩序を一時停止して緊急措置を取る権限のことです。わかりやすくいうと、普段は憲法で定められた人権を大切にするけれど、緊急事態になれば、国民みんなに我慢してもらって、人権を制約してでも、混乱を避ける政治を行います、ということです。

　この「国家緊急権」の定めが憲法に置かれていると、いざという時に、強制的な政策をとりやすくなります。たとえば、未知のウイルスが蔓延したら、人びとの行動を直接制約して、いわゆる「ロックダウン」（都市封鎖）を実施し、感染拡大を防ぐこともやりやすくなります。憲法自らが、それを認めているからです。

　一方、日本国憲法には、「国家緊急権」の規定がありませんから、緊急事態になったからといって、内閣が勝手に、憲法で保障している人権を強く制約した策を実行することは難しいです。何事もない平和なときに認められている「行動の自由」を、緊急事態でもできる限り守りながら、感染対策をとっていくことになります。法律で強制的に「出歩くな」「外食するな」と定めて、従わない人を罰するという方法はとりにくく、基本的には国民に対し「出歩かないようにしてください」「外食は控えてください」とお願いすることになります。

　このようにお話しすると、憲法を改正して、「国家緊急権」を日本国憲法の中にも入れたほうが良いのではないかと考える人もいるかもしれません。実際、そのような主張が、多数派を占める自民党から出ています。

　しかし、日本国憲法が「国家緊急権」の規定を置かなかったのは、規定し忘れたからではなく、あえて規定しなかったという事実について、改めて考える必要があります。

　戦前の大日本帝国憲法には、「国家緊急権」に関する規定があり、その制度を利用して「治安維持法」という法律が、悪い方向に拡大されてしまいました。「治安維持法」というのは、学問の自由や表現の自由を制限し、政府に反対する人たちを弾圧することを許す法律で、1945年に廃止されるまで、多数の逮捕者を出した、いわゆる悪法です。憲法に「国家緊急権」の規定を置くことで、権力側がそれを悪用し、悪い法律をつくったり、必要以上に人権を制約したりする可能性があるわけです。

　日本には、憲法に「国家緊急権」の規定がなくても、緊急事態を想定した法律が存在します。たとえば、「新型インフルエンザ等対策特別措置法」もそうです。さまざまな法律がすでに存在し、必要であれば、それを改正することで、十分緊急事態に対応することが可能ともいえるでしょう。

　憲法の中に、悪用されるリスクのある「国家緊急権」の規定を設けなくても、今ある法律を使って緊急事態を乗り越えることができるのであれば、「国家緊急権」を定める憲法改正はしなくてもよいことになりそうです。

憲法改正については，いろんな考え方があると思いますので，皆さんも，考えてみてください。迷ったときは，「平和」や「人権」を守る方向の改正なのかどうか，それが1つの判断基準になると思います。

▶§4 __ 憲法には何が書いてある？

　憲法には「人権」や「平和」を守るように……と書いてあることがわかってきましたが，憲法が定めている内容について，もう少し詳しくみていきましょう。

　日本国憲法には，3つの柱があるのでした。「基本的人権の尊重」「平和主義」「国民主権」です。

▶▶1__基本的人権の尊重──自由権・参政権・社会権

　人は皆,生まれながらに権利を持っています。人であれば,誰でも当然に持っていて，不当に奪われない権利のことを「基本的人権」といいます。その中には，さまざまな性質のものが含まれており，一般的に，大きく3つ（①自由権，②参政権，③社会権）にわけて考えられています。

【1】　自由権

　私たちは，皆，生まれながらに自由で平等な存在です。でも，そのままにしておけば，人びとは自分の自由や権利ばかり主張して，人権同士が衝突し，強い者が勝ち，弱い者は負ける，めちゃくちゃな社会になってしまいます。

　そこで，私たちは，「互いの人権を守り合いましょう」という約束を結び，国がつくられました。国家は，約束を破って他人の人権を侵害するような国民が現れたら，法律に基づいて，強制的に取り締まったり，損害賠償を支払わせたり……と，国民の人権を保障してくれます。

　でも，そうした強制力を持つ国家が暴走したら大変です。国を治める側が暴走し，権力を濫用すれば，国民の人権は簡単に侵害されてしまいます。

　そこで，人びとは，まず「国家ができるだけ個人に干渉しないようにする」ことを求めることが必要だと気づいたのです。国家が不当に個人に干渉しない

よう求める権利を「自由権」といい，基本的人権の歴史は，「自由権」獲得から始まります（18世紀頃）。ここでいう「自由」とは，「国家からの自由」です。

　日本国憲法の中にも，さまざまな「自由権」が定められています。たとえば，思想良心の自由（憲法19条），信教の自由（憲法20条），表現の自由（憲法21条），学問の自由（憲法23条）といった精神的自由権。職業選択の自由（憲法22条）や財産権の保障（憲法29条）といった経済的自由権。さらに，人身の自由として，適正手続の保障（憲法31条）や逮捕に関する保障（憲法33条）などが定められています（→詳しくは第**4**章）。

【2】　参政権

　世界の歴史をみると，自由権を獲得したのは18世紀頃です。でも，このとき自由権を獲得できたのは，実は，国民全員ではなく，一部の有力者に過ぎませんでした。そして，国民の代表を選ぶ選挙も，投票できたのは一定の税金を納める人に限られていました（制限選挙）。

　19世紀に入ると，産業革命が起こったこともあり，労働者の働く環境の改善を訴える声が大きくなりました。同時に，「労働者にも選挙権を」という運動が盛り上がるようになりました。そして，一定の年齢に達したすべての国民に選挙権，被選挙権を与える「普通選挙」が行われるようになりました。

　人権は生まれながらに誰もが持っているわけですから，それを守るためには，すべての国民が自ら政治に参加していく制度が必要ということです。こうして獲得した権利のことを「政治に参加する」権利，「参政権」といいます。「参政権」は「国家への自由」といわれています。

　なお，日本の選挙制度を振り返ってみると，最初は，一定額を納税した男性だけに選挙権を与える制度がつくられ，その後，一定の年齢に達した男性すべてに選挙権が与えられるようになりました。しかし，なかなか女性の参政権は認められず，女性の参政権が確立したのは，第二次世界大戦後の1945年12月に新選挙法がつくられてからです。

【3】　社会権

　20世紀に入ると，資本主義が発展し，社会全体が裕福になっていきました。人びとは，18世紀に獲得した「自由権」を使い，それぞれ自由に経済活動を営み，経済を発展させたのです。

でも，資本主義というのは，稼げる人はたくさん稼げますが，稼げない人は職を失ったり，貧困に陥ったりする社会です。その結果，人々は生まれながらに自由で平等といいながら，実質的には，経済格差が広がり，貧しい人たちは生きていくのもやっと，自由や権利などない状況になってしまいました。

　そこで，個人の力だけでは解決しにくい，経済的な不平等を解消するため，国が積極的にかかわる必要があると認識されるようになり，「すべての国民が人間らしい生活を営む権利」として「社会権」が登場しました。「社会権」は，「国家による自由」と呼ばれています。

　世界で初めて社会権を保障した憲法は，ドイツのワイマール憲法です。日本国憲法には，生存権（憲法25条），教育を受ける権利（憲法26条），勤労の権利（憲法27条），労働者の権利（憲法28条）が定められています。

　ここで1つ，物語を紹介しましょう。

♥ 「ねずみのすもう」（あらすじ）

　昔々，あるところに，貧乏なおじいさんとおばあさんがいました。おじいさんが山へ芝刈りに行くと，お金持ちの家の太ったねずみと，自分の家の痩せたねずみがすもうをとっていました。痩せたねずみは負けてばかり。

　おじいさんはがっかりして家に帰り，おばあさんにねずみのすもうの話をしました。おばあさんとおじいさんは，痩せたねずみも力が出るように，餅を食べさせてあげることにしました。

　翌日，おじいさんが山へ行くと，2匹のねずみがまたすもうをとっており，今度は痩せたねずみが何度やっても勝っています。太ったねずみが痩せたねずみに強くなった理由を尋ねると，痩せたねずみは餅のことを話します。太ったねずみは「いいなぁ，うちは大金持ちだけど，餅なんてくれないよ」と言います。

　その話を聞いたおじいさんは，おばあさんに相談し，太ったねずみの分も餅を用意し，ふんどしも2本作ってあげました。

　翌朝，餅とふんどしはなくなっていましたが，その代わり，小判がどっさりと入っていました。おじいさんとおばあさんは，太ったねずみがお礼に持ってきてくれた小判のおかげで豊かになり，いつまでも幸せに暮らしました。

　日本の昔話の中には，こんな風に「善い行いをすれば，貧しい者も幸せにな

れますよ」というストーリーがよくあるように思います。

　でも，現実の社会では，個人がどんなに頑張っても，善い行いを続けても，貧しい暮らしが続き，食べるものにも困るということがあります。

　昔話の中では，太ったネズミがおじいさんとおばあさんに小判をあげることで，お金持ちと貧乏人の格差がなくなっているわけですが，現実社会で，太ったネズミの役割を担ってくれるのは誰でしょう？

　お金持ちの人が，困っている人にたくさん寄付することはできます。でも，困っている国民全員を助けることは難しいです。どこの誰が困っているのか，個人では把握することもできないでしょう。

　現実社会では，貧しくて生きていけない国民が生まれないよう，また，もし困ってしまう国民が出てきたら彼らを助けられるように，国がルールをつくったり，政治を行ったりする必要があります。昔話の太ったネズミの役割は，国家が担うわけです。逆にいうと，国民は，国に対し，「人間に値する生活」を営めるよう，積極的に配慮するよう求める権利（社会権）を持っていることになります。だから，社会権は，「国家による自由」と呼ばれます。

　なお，国民は憲法の規定だけを根拠に，社会権を実現するよう，裁判で訴えて，認めてもらうことはできません。社会権が，裁判所に救済を求められる具体的権利となるためには，法律をつくる必要があります。たとえば，生活保護法は，生存権（健康で文化的な最低限度の生活を営む権利）を具体的に保障するための法律です。

【4】　そのほかの人権

　包括的な人権として「幸福追求権」（憲法13条），「法の下の平等」（憲法14条）が定められています。これらは，人権全体に通用する一般的な規定です。これらについては，第**4**章で説明します。

　そのほか，国務請求権（受益権）があります。具体的には，「請願権」（憲法16条），「裁判を受ける権利」（憲法32条）などが定められています。これらは，基本的人権を確保するための権利として，自由権の両輪として古くから保障されてきました。

☕**パウゼ 3.2＿＿ 聞き慣れない「請願権」とは？**

憲法16条は、「何人も、損害の救済、公務員の罷免、法律、命令または規則の制定、廃止または改正その他の事項に関し、平穏に請願する権利を有し、何人も、かかる請願をしたためにいかなる差別待遇も受けない」と定め、国民の請願権を保障しています。

請願権は、国民が国や地方公共団体に対し、さまざまな要望を出せる権利であり、年齢や国籍を問わず、日本に住む誰もが持つ権利です。複数名で請願することも当然に認められており、その場合には、署名を集めて提出することになります。

数多くの署名を集めたからといって、請願内容の通りに対応しなければならないといった法的効力はありません。通常、組織ごとに、物事を決める手続が用意されており、一般的にはこの手続に則って決めるべきであり、一部の国民の意思だけで決められるものではないと考えられているからです。

一方、請願権の行使としてなされた請願や署名について、公共団体は受理して誠実に処理しなければならないと請願法で定められています（請願法5条）。

署名の通りにしなければならないという法的効力はないとしても、多くの署名を集めることで、国民の声を届けることができます。実際に、署名を集め、声を届けたことにより、ひとり親家庭に対する児童扶養手当の増額にいたった事例なども存在します。

請願権は、選挙以外の方法で、国民の意思を政治などに反映させる意味を持っています。

▶▶2＿日本国憲法の「平和主義」とは？

それでは、日本国憲法の3大原則のうちの2つ目として、「平和主義」についてみていきましょう。

【1】 制度の沿革

日本国憲法は、第2次世界大戦という悲惨な経験を踏まえ、戦争を深く反省し、平和主義を基本原理として採用し、戦争と戦力の放棄を宣言しました。

世界の憲法を見渡してみると、たとえば、フランス、イタリア、ドイツ、韓国……など、多くの国の憲法において、戦争放棄の規定を見つけることができます。しかし、これらは、いずれも侵略戦争の制限や放棄にかかわるものにとどまります。

一方、日本国憲法は、①侵略戦争だけでなく、一切の戦争を放棄し（憲法9

条1項），②それを徹底するため，戦力を保持しないことを宣言し（憲法9条2項），③国の交戦権を否定しており（憲法9条2項），徹底した平和主義・戦争否定の態度を示しています。

【2】　憲法前文と第9条1項・2項の規定

　日本国憲法の中で，平和主義について定めているのは，前文と9条です。

　憲法前文には，世界の平和が永遠に続くことを願い，国際協調によって平和と安全を守ることが明記されています。前文の中に，「平和を愛する諸国民の公正と信義に信頼して，われらの安全と生存を保持しようと決意した」という文言があります。これは，国際連合による安全保障を前提とするものであり，一見すると，日本は他力本願の安全保障を掲げているようにも思われます。しかし，日本の平和主義は，他国任せの消極的なものではなく，日本には，世界の平和や国際的な紛争緩和のために提言を行うなど，積極的な行動をとる責務があり，その中で日本の安全も保障されるという考えに基づいています。

　9条1項には「日本国民は，正義と秩序を基調とする国際平和を誠実に希求し，国権の発動たる戦争と，武力による威嚇又は武力の行使は，国際紛争を解決する手段としては，永久にこれを放棄する」と定められています。

　そして，9条2項は「前項の目的を達するため，陸海空軍その他の戦力は，これを保持しない。国の交戦権は，これを認めない」と定めています。この点，自衛隊が憲法の定める「戦力」に当たるのかどうか，議論されています。政府は，自衛隊は憲法の「戦力」にはあたらないという見解をとっています。ただし，憲法9条の「戦力」とは何なのか，政府の見解は時代と共に変遷しており，違憲論もあることから，憲法を改正し，自衛隊が確実に合憲になるようにしようと主張する人たちもいます（詳しくは，✎トピック3.2を参照）。

✎トピック3.2__　今の憲法では自衛隊は違憲！？──憲法改正論議の焦点②

　今の憲法では自衛隊の位置づけが明らかではないので，日本国憲法を改正し，憲法の中で自衛隊の存在を認めてあげようという案があります。

　日本国憲法制定当初，政府は，「警察力を超える実力部隊＝（憲法で保持することが禁じられている）戦力」と考えていました。この解釈によると，自衛隊は「戦力」にあたり，違憲ということになるでしょう。

しかし，その後，1954年，日米相互防衛援助協定（MSA協定）が結ばれ，日本は防衛力を増強する義務を負うことになり，自衛隊法がつくられ，自衛隊が生まれました。この頃から政府は，「自衛のための必要最小限度の実力を超える実力部隊＝（憲法で保持することが禁じられている）戦力」と捉えるようになり，今もこの考え方を貫いています。この解釈によると，自衛隊は，自衛のための必要最小限度の実力であるから，「戦力」にはあたらず，合憲ということになります。

どの国も「自衛権」（外国から急迫または現実の違法な侵害に対して，自国を防衛するために必要な一定の実力）を持っています。他国から違法な攻撃を受けているのに，防御できなければ，国が存立することができないからですね。国連憲章51条も，国連が必要な措置をとるまでの間の自衛権を認めています。

自衛権が国家固有の権利として認められており，憲法9条のもとでも否定されない以上，その行使を裏づける自衛のための必要最小限度の実力を保持することは，憲法上認められるといえるでしょう。日本を防衛することを主たる任務とする自衛隊（自衛隊法3条）は，今の憲法の中でも合憲ということになります。

日本国民も，世界中の他の国も，日本国憲法のもと存在する自衛隊を認めている今，あえて憲法を改正し，明文で自衛隊の存在を認める必要があるのでしょうか。皆さんも，考えてみましょう。

☕パウゼ 3.3＿ 「集団的自衛権」ってよくいいますが……？

日本の自衛隊は，「自衛のための必要最小限度の実力」として認められているわけですが，それでは，自衛隊は，日本が他国から攻撃を受けたときだけ，実力を行使することができるのでしょうか？

長い間，政府はそのように考えてきました。外国の武力攻撃によって，国民の生命や自由，幸福追求権が根底から覆されるという急迫不正の事態に対し，国民の権利を守るため，やむを得ない場合に，自衛隊による必要最小限度の武力行使が許される……と（「個別的自衛権」の考え方）。

しかし，国同士のパワーバランスが変わったり，技術の進歩に伴い，大量破壊兵器などの脅威が生まれたりする中で，他国に対する武力攻撃であっても，それによって日本の存立が脅かされる事態が現実味を帯びてきました。

そこで，2014年7月1日，○わが国と密接な関係にある他国に対する武力攻撃が発生し，これによりわが国の存立が脅かされ，国民の生命，自由，幸福追求権が根底から覆される明白な危険がある場合において，○これを排除し，わが国の存立を全うし，国民を守るために他に適当な手段がないとき，○必要最小限度の実力を

行使することは，憲法上許されるという閣議決定がなされました。

　これについて，「憲法で禁じられている集団的自衛権を，解釈により無理やり認めたもので許されない」という意見もあります。「集団的自衛権」とは，他国に対する武力攻撃を，自国の権利が侵されていなくても，平和と安全に関する一般的利益に基づいて援助するために防衛行動をとる権利のことです。2014年の閣議決定は，集団的自衛権を全面的に認めたものではなく，あくまでわが国の防衛のために，必要最小限度の自衛を認める内容だと政府は説明しています。

　読者の皆さんは，この問題についてどう考えるでしょうか。

▶▶3＿国民主権とは？——天皇制（象徴天皇制）との関係は？

　日本国憲法の3大原則のうちの3つめとして，「国民主権」についてみていきましょう。

　憲法の前文は，「主権が国民に存することを宣言し」，日本国民が「この憲法を確定する」ことを明らかにしています。国民主権とは，国民が国の政治のあり方を最終的に決めるという原理……つまり，「国民こそが政治の主役である」という考え方です。

　王様が独断で政治をする社会では，すべてが王様の都合のいいように決められてしまい，国民一人ひとりの人権は守られません。国民の意思に基づく政治が行われてはじめて，国民の人権が守られるといえます。すなわち，国民主権は，基本的人権の尊重を達成するための手段でもあり，国民主権と基本的人権の尊重は，切っても切り離せない関係にあるわけです（▶§1参照）。

　「国民主権」の対義語は「君主主権」。日本には天皇がいますが，憲法1条において「天皇は，日本国の象徴であり日本国民統合の象徴であって，この地位は，主権の存する日本国民の総意に基づく」と明示されており，日本が君主主権（天皇主権）ではなく，国民主権を確立したことがわかります。

　大日本帝国憲法において，天皇の地位は天照大神の意思に基づくとされており，天皇は神聖不可侵の存在とされていました。また，天皇が政治の実権を持ち，国会や内閣は天皇の政治を助ける機関と位置づけられ，裁判も天皇の名において行われることになっていました（天皇主権）。戦後，天皇の人間宣言により，天皇の神格性は否定され，日本国憲法によって，象徴天皇制という形になって残されています。

象徴天皇制のもと，天皇は，国政に関する権能を全く持たないことになりました（憲法4条）。象徴天皇制とは，天皇が国の象徴たる役割以外の役割を持たないということ。天皇は憲法の定める国事行為（政治に関係のない形式的・儀礼的行為）だけしか行うことはできず（憲法4条），天皇のすべての国事行為には，内閣の助言と承認が必要とされ，内閣がその責任を負います（憲法3条）。

▶▶4＿統治機構＝国家機関（制度）を憲法に定めておくことの意味

憲法には何が書いてあるのか？ということで，「基本的人権の尊重」，「平和主義」，「国民主権」の3大原則についてみてきました。

これに加えて，憲法は「統治機構」についても定めています。統治機構とは，国会・内閣・裁判所という国家機関についての定めのことです。憲法は，国民の人権を守るために，国家権力を制限するものでした。その制限のあり方を，憲法の中で具体的に定めているわけです（→詳しくは第**4**章を参照）。

第**4**章

日本国憲法のことを掘り下げて考えてみよう ❷
──より広くさらに深く考えるために

第**3**章では，日本国憲法にどんなことが書かれているのか，ひと通り，みてきました。

第**4**章では，憲法が定める個別の人権や統治機構の内容について，より詳しく紹介していこうと思います。

▶§**1**＿人権全体に通用するルール
──幸福追求権，法の下の平等，公共の福祉に反しないこと

▶▶1＿幸福追求権とは？

日本国憲法は，思想良心の自由や信教の自由，学問の自由……などさまざまな人権規定を置いています。個別に定められたこれらの人権は，歴史的に国から侵害されることの多かった権利であり，あらゆる人権を漏れなく掲げているわけではありません。

これに対して，憲法13条は「生命，自由及び幸福追求に対する国民の権利」（幸福追求権）について定めています。幸福追求権は，個別の人権を包括する，一般的な権利と理解されています。

時の経過と共にさまざまな社会的，経済的変化が生じる中で，憲法制定当初は意識されていなかったけれど，「新しくこれも人権として尊重すべきだ」という事態が起こり得ます。幸福追求権は，そうした「新しい人権」の根拠にもなる規定です。

たとえば，プライバシーの権利。憲法には明記されていませんが，「私生活をみだりに公開されない権利」として，憲法13条を根拠に，裁判でも認められ

ています。私生活をみだりに覗き見られ，公開されては，平穏な暮らしが送れなくなり，個人が尊厳を保ちながら幸福を追求することができなくなってしまいます。そこで，「憲法上の権利」として認められたわけです。

　さらに時代が進み，情報化社会が進展すると，プライバシーの権利の捉え方も変わっていきます。すなわち，国（行政機関）が個人情報を集中的に管理するようになると，個人が国に対して自己の情報について公開してもらい，間違っていれば訂正を求める必要が出てきました。自己の私的な領域に立ち入らせなければよい時代から，自己の情報を積極的にコントロールすることが必要な時代へと変わり，プライバシー権の内容も，プライバシーの保護を国に対して求める権利（自己情報コントロール権）が重視されるようになっていきました。

　プライバシーの権利とは別に，私生活上の大切な事柄について，自分で決める権利として，自己決定権というものも存在します。たとえば，○結婚するか，子どもを持つかなど，家族のあり方を決めること，○髪型や服装など，身じまいを含めたライフスタイルを決めること，○医療行為を受けるかどうかなど，生命のあり方を決めること……などは，国に干渉されることなく，一人ひとりが自分で決定できる自由を持っていると考えるべきでしょう。

　ほかにも，憲法には明記されていないけれど，認められるべき権利として，環境権，日照権，静穏権，眺望権……などなど，さまざまな権利が主張されていますが，最高裁判所が正面から「憲法上の権利」として認めたものはありません。

🖋トピック 4.1__　人権のインフレ化！？

　幸福追求権は，包括的な権利ですが，なんでもかんでも人権として認めるものではないと考えられています。

　私たちが日常生活を送る中でしているいろいろな行為……たとえば，顔を洗ったり，散歩をしたり，登山をしたり……あらゆる一般的な行為の自由が，「憲法上の人権」として認められるとすると，内容があいまいな人権がたくさん認められ，「人権」というものの価値が下がってしまう危険があります。また，あいまいな人権と，表現の自由など明文で規定されている本当に重要な人権が衝突し，無用な争いになる可能性も否定できません。このように，人権があふれてしまう問題を「人

権のインフレ化」と呼びます。

　そこで，幸福追求権から導かれる人権は「個人の人格的生存に不可欠な利益を内容とする権利」と考えられています。一人ひとりが自分らしく，尊厳を保ちながら生活する上で大切なことが人権として保障されるという考え方です。

　さて，憲法改正をめぐり，環境権など「新しい人権」を憲法に明記すべきではないかということが議論されています。幸福追求権は，「新しい人権」の根拠になる規定ですが，明文化することで，保障を明確にしようというわけです。一方，今の憲法を解釈することにより，時代に合わせて新しい人権を認めることはできるし，次々と新しい人権を憲法に書き込むことで，人権のインフレ化が起こるのではないか……という心配もあります。

　皆さんは，この問題について，どう考えるでしょうか。

▶▶2＿「法の下の平等」とは？

　幸福追求権と同じように，人権全体に通用する原則として，憲法14条は「法の下の平等」を定めています。「自由」と「平等」は密接に関連し，一人ひとりを尊重する今の社会を支えています。

　憲法14条1項は，「すべて国民は，法の下に平等であって，人種，信条，性別，社会的身分又は門地により，政治的，経済的又は社会的関係において，差別されない」と定めています。

【1】　「法の下に」とは？

　「法の下に」とは，法の適用についても，法の内容についても，平等が求められるということ。そんなの当たり前では？と思う読者も多いかもしれませんが，実は，戦前のヨーロッパ大陸諸国では，国民に対して法律を適用する際に差別しなければそれでいいと考えられていました。立法府は自由に法律をつくり，法律を適用する行政権と司法権だけが平等原則を守らなければいけないという考え方です。でも，肝心の法の内容が不平等であれば，いくら平等に適用しても，正義に反する結果になってしまいますね。そこで，「法の下の平等」というのは，立法権も拘束する原則であり，法内容の平等も求められると考えられるようになりました。

【2】　形式的平等と実質的平等

　では，平等とはどういう意味でしょうか。「『平等』なのだから，すべての個

人を同じように扱えばいいのでは？」とも思えます。このように，すべての個人を法的に均等に扱い，個人の自由な活動を保障するという考え方を「形式的平等」といいます。すべての個人に同じ機会を与えるという意味で「機会の平等」とも呼ばれます。

19世紀頃，社会は，この形式的平等（機会の平等）に基づき動いていました。みんなが同じ機会を与えられ，自由に競争したわけです。一見すると，これ以上にない平等のようですが，現実には，競争の結果，持てる者はますます富み，持たざる者はますます貧しくなるという事態が生じました。

そこで，20世紀に入ると，社会は，社会的・経済的弱者も，そうでない者と同等の自由と生存を守られてこそ真に平等なのだという考え方に変わっていきました。国が，社会的経済的弱者に保護を与え，「実質的平等」（「結果の平等」）が目指されました。

【3】　絶対的平等と相対的平等

私たちは，一人ひとり，性別・能力・年齢・財産・職業……など，さまざまな違いを持っています。こうした差異を完全に無視して，各人を機械的に同一に取り扱うことを「絶対的平等」といいます。

絶対的平等は正義にかなうでしょうか？絶対的平等の社会では，出産したばかりの女性も，そのほかの人と同じように働き続けなければいけなくなり，たくさんお金を稼いでいる人も生活に苦しい人も同じだけの税金を納めることになります。これでは，社会は混乱し，逆に不平等になってしまいますね。

そこで，「平等」とは，一人ひとりの差異を前提に，同一の事情と条件の下では均等に取り扱うこと，すなわち「相対的平等」だと考えられています。相対的平等の考えによると，恣意的な差別は許されないけれど，合理的な区別は許されることになります。つまり，平等かどうかは，事実的・実質的な差異を踏まえ，常識に照らし，合理的か否か？の判断によることになります。

☕パウゼ 4.1＿　女子しか入れない大学は不平等！？

日本には，公立の女子大学があります。男性が入学を希望しても，性別を理由に入学を認めてもらえないというのは，「法の下の平等」に反し，許されない差別な

のでしょうか。

　歴史的に，女性は男性に比べ進学率が低く，教育を受ける権利を十分に保障されてきませんでした。そこで，男女間の格差を是正するため，女子大学が生まれたといわれています。

　このように，歴史的に差別を受けてきたグループ（たとえば，女性や人種的少数者など）に対し，機会の平等を回復させるため，一定の範囲で暫定的に特別の機会を与え，優先的な処遇をすることを，「積極的差別是正措置」（「アファーマティブ・アクション」「ポジティブ・アクション」）といいます。積極的差別是正措置は，「逆差別」に当たるのではないか問題になることがあります。

　時代が進み，女性の進学率が向上し，短大も含めた進学率については，男女でほとんど差がなくなってきています。その意味では，女子大の存在意義は揺らぎ，男性に対する「逆差別」と評価される時も近いかもしれません。一方，偏差値の高い大学への進学率をみると，依然，男性の方が高く，社会において女性のリーダーが少ないことを踏まえると，女子大学を維持する必要性があるともいえそうです。

　読者の皆さんは，どう思いますか。

▶▶3__「公共の福祉に反しない限り」とは？

　憲法で，さまざまな基本的人権が保障されていることがわかりましたが，時に，Aさんの人権とBさんの人権が対立したり，Cさんが自分勝手に人権を主張して周囲に大きな迷惑をかけてしまったりすることがあります。

　そこで，憲法は，国民は権利を濫用してはいけないよ，と定めています。憲法12条をみてみると，「国民は，これ（この憲法が国民に保障する自由及び権利）を濫用してはならないのであって，常に公共の福祉のためにこれを利用する責任を負う」と書いてあります。また，憲法13条は，「生命，自由及び幸福追求に対する国民の権利については，公共の福祉に反しない限り，……最大の尊重を必要とする」としています。

　ここで出てくる「公共の福祉」というのは，簡単にいえば，社会全体の利益のことです。社会全体の利益のために，人権を制約できる場面があると，憲法自ら認めているわけです。

　たとえば，新型コロナウイルスが蔓延し，感染拡大を防ぐために，国が，飲食店に営業の自粛を求めたことがありました。「時間短縮で営業してください」とか「休業してください」というのは，飲食店の営業の自由を制約しますから，

許されないようにも思います。

　でも，感染拡大が進めば，病院がいっぱいになって，病気になっても事故に遭っても病院にかかれなくなり，国民の命に危険が及びます。医療が崩壊して，みんなが安心して暮らせなくなれば，経済だって止まってしまいます。社会全体の利益のために，今は医療を守ろう，国民の命，ひいては経済を守るんだ，ということで，営業の自由を一時的に我慢してください，と国はいったのです。こうした営業の自由への制約は，「公共の福祉」のための仕方のないものといえそうです。

▸§2 ＿ 個別の人権
——思想・良心の自由，信教の自由，表現の自由，生存権

　日本国憲法の中には，個別のさまざまな基本的人権が定められています（→第**3**章▸§**1**▸▸**1**）。

　ここでは，代表的な人権として，「思想・良心の自由」（憲法19条），「信教の自由」（憲法20条），「表現の自由」（憲法21条），「生存権」（憲法25条）の4つの人権について紹介します。

▸▸1＿思想・良心の自由

　憲法19条は，「思想及び良心の自由は，これを侵してはならない」と定めています。思想・良心の自由は，心の中で何を思っているのも自由であるということを保障しています。

　これを聞いて，「心の中のことが自由なのは当たり前なのでは？」とか「心の中で何を思っているかなんて，いわなければわからないのだから，あえて憲法に書くことなのだろうか？」とか思った読者もいるかもしれません。実際，海外の憲法を見渡してみると，思想・良心の自由をあえて定めているものはほとんど見当たりません。まさに，読者の疑問の通り，心の中の自由は絶対的であり，心の中にある考えを外に出す方，つまり，「表現の自由」を保障すれば十分だと考えられているからです。

しかし，日本では，大日本帝国憲法の下でつくられた「治安維持法」によって，共産主義をはじめ，さまざまな思想が「反国家的」なものとして弾圧された歴史があります。心の中の自由そのものが侵害された歴史を踏まえ，日本国憲法では，明文で思想・良心の自由を保障したのです。

　心の中にある限り，どんなに悪いことを考えていたとしても，絶対的に自由です。仮に，「強い王様ひとりにすべて決めてもらった方が安心だな。みんなで決める，民主主義なんて，時間もかかるし，私は嫌だな」などと思っている人がいたとしても，国は，「民主主義を否定するなんてけしからん！罰を与えてやる」ということはできないことになります。

　では，心の中にあるから罰せられないのなら，心の中にあるものを無理やり表に引っ張り出せば，罰することができるのでしょうか。たとえば，「踏み絵」。キリスト教を信じているかどうかは，心の中にある限りわかりません。しかし，キリストやマリアの像などを踏ませることにより，信じている人は踏めない，信じていない人は踏める……というように，心の中にある信仰心を推知することができます。そして，国にとって都合の悪い行為（踏まない行為）について罰すればよいことになってしまいます。

　そこで，思想・良心の自由は「沈黙の自由」も保障していると考えられています。国は，国民がどんなことを考えているか，無理やりいわせるようなことはできません。特定の思想を持っているか否か，国民全員が必ず答えなければならないアンケートを実施することも許されないことになります。

▶▶2＿信教の自由

【1】　信教の自由って？

　憲法20条1項前段は，「信教の自由は，何人に対してもこれを保障する」と定めています。

　世の中にはいろんな宗教がありますが，憲法は，「どんな宗教を信じてもいいし，信じなくてもいい。国から『この宗教を信じなさい』とか『この宗教を信じてはいけない』とか命令されることはありません。礼拝したり，宗教団体をつくったりするのも自由です」といったことを保障しています。

　大日本帝国憲法にも，信教の自由の規定はあったのですが，文言上制限がつ

いていました。しかも，神道は宗教ではないとして，事実上，神道が国の宗教として優遇され，ほかの宗教が冷遇されたという歴史があります。

　権力を持っている国が，個人の宗教を信じたり信じなかったりする自由に口出ししてくると，人権は大きく侵害されてしまいますね。そこで，日本国憲法は，個人の宗教に関して国が干渉することのないよう，文言上，制限をつけずに信教の自由を保障すると定めたのです。

　ここで1つ，『古事記』などを通じて日本に昔から伝わる「国生み」の神話をご紹介しましょう。

♣ 「国生み」

　日本の国ができる前の，遠い昔のこと。高天原という神々が住む場所がありました。
　神々は下界に新しい国を造ることを相談し，伊邪那岐命・伊邪那美命というふたりの神さまに国作りを命じ，天の沼矛という矛を授けました。
　ふたりの神さまが，天の浮橋という大きな橋の上に立ち，神々から授けられた矛を海にさし降ろして，力いっぱい掻き回すと，於能凝呂島という島ができあがりました。
　そしてふたりの神さまはその島に降りたち，天の御柱という大きな柱をたて，柱の回りを伊邪那岐命は左から，伊邪那美命は右から，それぞれ廻りあいました。
　そして出会ったところで「ああなんと，りっぱな男性だこと」，「ああなんと，美しい女性だろう」と呼び合い，二人で多くの島々を生みました。
　はじめに淡路島，つぎに四国，隠岐島，九州，壱岐島，対島，佐渡島をつぎつぎと生み，最後に本州を生みました。
　八つの島が生まれたところから，これらの島々を大八島国とよぶようになり，これが日本の国土のはじまりです。

　こうして日本の国土が出来上がると，伊邪那岐命と伊邪那美命は，多くの神様を生み出した……とされています。このように，日本には古くから，いろんなところに，いろんな神様が宿っているという考え方があります。島にも，山にも，川にも，滝にも，海にも，土にも，火にも……神様がいるという考え方です。さらに，国や郷土のために尽くした偉人や，祖先の魂なども神様としてまつる慣習があります。その数の多さから，「八百万の神」といわれています。

「こんなにいろんな神様を認める神道なら，ほかの神様を信じる別の宗教と対立することはないのではないか。神道を日本の国教と認めても，国家が国民の信教の自由を侵害することはないのではないか？」と感じた人もいるのではないでしょうか。

　しかし，多くの神様を認める神道であったとしても，ただ1つの神様のみ認めて信仰する宗教，たとえばキリスト教とは相いれず，神道を国の宗教にしようとした明治政府は，キリスト教徒を激しく弾圧しました。

　ですから，やはり「信教の自由」を憲法で保障する大きな意味があるわけです。

☕ パウゼ 4.2＿　宗教2世問題と信教の自由

　2022年7月8日，安倍元首相が銃撃され，亡くなりました。この事件の容疑者は，安倍氏が，自身の母親が会員となっていた特定の宗教団体と関係していたと考えたことが殺害の動機だった旨，供述しました。これをきっかけに，「宗教2世」という言葉が，SNSでトレンド入りするなど，注目を集めるようになりました。

　憲法は「信教の自由」を保障しているわけですが，その中には「両親が子どもに自己の好む宗教を教育し，自己の好む宗教学校に進学させる自由」も含まれると考えられています。

　一方，いくら信教の自由が保障されているといっても，暴力や虐待など，一般社会の中で許容されない行為は許されません。たとえば，宗教活動に参加させるため，子どもに暴力をふるえば，児童虐待防止法上の身体的虐待（法2条1号）にあたり，また，暴行罪や傷害罪に問われる可能性もあります。

　子どもの権利条約では，子どもの宗教の自由について尊重することが定められています（条約14条）。親が子どもに自分の好む宗教を教育する自由がある一方で，子どもにも自らの意思で信仰を決める自由があります。しかし，実際には，子どもは親の影響を大きく受けて育ちますし，中には，親から「〜をしなければ地獄に落ちる」など恐怖をあおられ，子どもが特定の宗教を刷り込まれるケースもあります。恐怖を植え付ける行為は心理的虐待にあたるものの，密室で行われるそうした行為が露呈することは少ないのが現実です。

　2023年，特定の宗教の2世らが会見を開き，宗教が関連する子どもへの虐待について，教団への調査などを可能にする法整備を求めました。

　親子の人生に大きな影響を及ぼす宗教の問題，今後の法整備の行方に注目しましょう。

【2】 政教分離の原則とは？

憲法20条1項後段は「いかなる宗教団体も，国から特権を受け，又は政治上の権力を行使してはならない」，3項は「国及びその機関は，宗教教育その他いかなる宗教的活動もしてはならない」と定めています。また，憲法89条は「公金その他の公の財産は，宗教上の組織若しくは団体の使用，便益若しくは維持のため，又は公の支配に属しない慈善，教育若しくは博愛の事業に対し，これを支出し，又はその利用に供してはならない」と定めています。これらは，国家と宗教の分離の原則（政教分離の原則）を明らかにしたものです。

どうして，国家と宗教は相互に干渉してはならないのでしょうか。それは，国が特定の宗教と結びつくと，国民がそれ以外の宗教を信じることが難しくなるなど，国民の信教の自由が害されるおそれがあるからです。ほかにも，国家と宗教が深くかかわると，国家も宗教も堕落するという負の歴史があったからともいわれています。

国家が宗教とのかかわり合いを持つことを全く許さないとするのは現実的ではなく， 裁判例では，政教分離原則の趣旨を踏まえ，そのかかわり合いが「相当とされる限度を超えるものが許されない」とされています。2021年には，宗教的意義を持つ施設のために，公有地をタダで貸す行為について，最高裁が『違憲』との判断を下しており，国家と宗教のかかわりについては，今後も注視する必要があるでしょう。

▶▶3＿表現の自由

憲法21条1項は「集会，結社及び言論，出版その他一切の表現の自由は，これを保障する」と定めています。

心の中の思想や信仰は，外部に表現することにより，周りの人に伝わり，はじめて社会的な意味を持ちます。私たちは，心の中にあるさまざまな考えや思いを発信し，伝えたいという欲求を持っており，表現を通じて満足感を得て，人格を発展させます。表現には，こうした『自己実現の価値』があります。

また，私たちは，表現することにより，自ら政治に参加することができます。さまざまな人が暮らす社会において，人々の利益を調整し，みんなが幸せに暮らせるようにすることが政治です。ネット社会の今，SNSには政府の政策など

について，さまざまな国民の意見であふれています。こうした国民の声を受けて，政府が説明したり，政策を変更したりすることもあります。表現には，国民が政治的意思決定に関与することで，民主政治を支えるという社会的な価値『自己統治の価値』もあります。

『自己実現の価値』『自己統治の価値』を有する表現の自由は，基本的人権の中でも重要な人権と考えられています。

そんな重要な人権を，国が侵害してきたら大変ですね。そこで，表現の自由への規制が違憲になるかどうかは厳しく審査しなければならないと考えられています。特に，表現が世に出ないように事前に規制したり，表現の内容を理由に規制したりすることについては，厳しく規制の必要性や規制手段と規制目的との関連性などが検討されることになります。

☕パウゼ 4.3　フェイクニュースで社会混乱！──うそを禁止する法律？

「動物園からライオンが逃げた！」「台風被害で町が沈んだ！」……など，偽の写真と共に，虚偽の情報がSNSに投稿され，社会の混乱を招いたことがありました。また，仮に，特定の政治家の偽のスキャンダルが広められるようなことがあれば，だまされた有権者により，本来当選できたはずの候補者が当選できず，別の候補者が当選するなど，政治にも大きな影響を及ぼすかもしれません。このように，フェイクニュースは，社会を混乱させたり，選挙の公正を害したりする危険があります。

そこで，うそを禁じる法律ができたとしましょう。社会はどうなるでしょうか。

「うそ」と「真実」ははっきりと区別することが難しいものです。政治や学問の世界では，何が真実か，意見がわかれていることも少なくありません。もしうそを禁じる法律ができたら，国にとって都合の悪い意見は「うそ」だとして，法律に基づき罰せられてしまうかもしれません。国民は罰せられるのが怖くて，うそかどうかよくわからないことについて，意見をいえなくなってしまうでしょう。そんなことになれば，表現の自由が大きく害されてしまいます。

確かに，フェイクニュースが広まることで，社会には一定の混乱が生じます。しかし，うそをつくこと自体を広く禁じなくても，政府が素早く真実を発信したり，国民がフェイクニュースにだまされないように，日ごろから情報リテラシー教育に力を入れたりすることで，社会の混乱を抑えることは可能です。

「うそを禁じる」というと正しいことのように思われますが，法律という強制力あるルールで禁じることは，表現の自由の侵害に当たり，憲法違反になるのではな

いでしょうか。

✍️トピック 4.2__ SNSでの誹謗中傷と表現の自由

　SNS上での誹謗中傷が社会問題になり，その対策として，2022年7月，侮辱罪（刑法231条）が厳罰化されました。侮辱罪は，公然と人を侮辱した場合に成立する罪です。たとえば，『生きている価値ない』『性格悪い』など，相手を軽んじるような言葉をSNSで発信したり，たくさんの人の前でいったりすれば，罪に問われる可能性があります。

　ネット上でひどい言葉が蔓延することで，心を病んだり，命を失ったりするケースもあり，「そんな表現は許されない！どんどん厳罰化して，取り締まるべきだ」と考える読者もいるでしょう。

　しかし，厳罰化によって『表現の自由』の制約につながるのではないかという心配もなされています。たとえば，SNSで政権を揶揄する発信をしたり，選挙演説中にヤジを飛ばしたりして，逮捕され，刑務所に入れられてしまったらどうでしょう。権力に不都合な表現をするのが怖くなり，「こんなことをいったら捕まってしまうかもしれないから，やめておこう……」と，国民の表現活動は委縮してしまいます。

　厳罰化には，人を傷つける発言を抑制する効果が期待できますが，一方，表現の自由に負の影響を及ぼす可能性もあるわけです。

　また，SNS上での誹謗中傷は，侮辱罪などの犯罪に当たり得るだけでなく，故意に相手を傷つけ，精神的な損害を与えていることから，損害賠償請求の対象にもなります。

　「SNSなら実名を出していないし，自分が発信したとはバレないから，訴えられることもないだろう」と考える人もいますが，発信者情報を開示する手続きは存在し，2022年10月，改正プロバイダー責任制限法が施行されたことで，よりスムーズに開示され，被害者救済につながるのではないかと期待されています。

　『表現の自由』はとても大事な人権。でも，表現によって誰かを傷つけたら，場合によっては法的責任を負います。表現の自由と被害者救済のバランスを考えながら，適切な法のあり方が模索されています。

▶▶4__生存権

　憲法25条1項は「すべて国民は，健康で文化的な最低限度の生活を営む権利

を有する」と定めています。この生存権の保障は，社会権の中で原則的な定めです。

　憲法25条1項の趣旨を実現するため，2項は，「国は，すべての生活部面について，社会福祉，社会保障及び公衆衛生の向上及び増進に努めなければならない」と定め，国に対して生存権を具体化するよう努力する義務を課しています。それを受け，さまざまな法律がつくられ，社会保障制度が設けられたり，公衆衛生のための制度が整備されたりしています。

　生存権の保障については，生活保護費の金額をめぐり，何が「健康で文化的な最低限度の生活」なのか裁判で争われることがあります。「健康で文化的な最低限度の生活」水準は，時代によって変わります。たとえば，2013年から2015年にかけて，国は物価の下落などを反映させる形で食費や光熱費などの生活費部分の基準額を最大10％引き下げました。これを受け，生活保護受給者の生活は苦しくなり，生活保護費の引き下げは違法だとして裁判で争われることに。自治体側の控訴により，今後も争いは続きます。

▶ §3 — 統治機構と三権分立（権力分立制）

　今まで，日本国憲法に何が書かれているのか，その中身について詳しくみてきました。憲法は，私たちの人権を保障し，平和を守ると書いてあったのですね。でも，いくら憲法がきちんと人権や平和について定めていたとしても，権力が暴走して，憲法を無視しだしたら大変です。人権も平和もぶち壊されてしまいます。

　そこで，憲法は，権力が暴走しないよう，権力を1つに集中させず，分散させるという仕組みについても定めました。具体的には，国会・内閣・裁判所といった国の仕組みを憲法の中に書き込み，「三権分立」（権力分立制）を実現させることにしたのです。

▶▶ 1 — 国会（立法権）

　国会について，憲法は41条で「国権の最高機関であって，国の唯一の立法機

関である」と定めています。

　主権者である国民の代表が集まった国会こそ，国権の最高機関だといっているわけです。

　立法というのは，法律をつくることですから，国会は，国民の代表者が集まって，法律をつくる，日本でたった一つの機関だということになります。

　そのほか，憲法には，国会は衆議院と参議院で構成する（憲法42条）とか，各議院の議員の任期（憲法45条・46条）など，国会に関するいろんなルールを定めています。

▶▶2＿内閣（行政権）

　内閣は，政治を行う最高の責任機関です。憲法65条には，「行政権は，内閣に属する」と定められています。国会が定めた法律に基づいて，実際の政治を行う，一番偉いところと考えればよいでしょう。政治と一口にいっても，国民生活のあらゆる領域にわたるものなので，内閣の下に，行政機関が置かれ，それぞれ仕事を分担して政治を行っています。

　憲法には，内閣は，内閣総理大臣（首相ともいいます）とその他の国務大臣から構成されること（憲法66条1項），彼らは文民でなければならないこと（憲法66条2項）など，いろいろなルールが定められています。

▶▶3＿国会と内閣の関係——議院内閣制

　先ほどお話しした通り，日本は「三権分立」の考え方に立っているので，基本的には，国会・内閣・裁判所，とそれぞれ独立して，どれかが暴走しないように監視し合う関係にあります。

　でも，日本は「議院内閣制」をとっているので，国会と内閣は密接に関係しています。「議院内閣制」とは，国会の信任を得ることが内閣の成立条件となる制度のことです。ちょっと言い回しが難しいですね。信任というのは，信用して任せることですから，つまり，内閣は国会に信用されなければならない，ということです。

　内閣は，国権の最高機関である国会の意思に反するような政治を行ってはいけない，もし，国会の意思に反する政治を行えば，内閣は政治責任を問われ，

国会は内閣に対して不信任の決議をすることができます。

　日本の「議院内閣制」は，①内閣総理大臣は国会議員の中から国会が指名する（憲法67条1項），②国務大臣の過半数は国会議員でなければならない（憲法68条1項），③内閣は国会に対して連帯して責任を負い（憲法66条3項），衆議院は，内閣の政治のやり方が国会の意思に反していると考えた場合，内閣不信任の決議などができる，④衆議院で内閣不信任の決議案が可決されると，内閣は総辞職するか，10日以内に衆議院を解散する（憲法69条）……といった特徴があります。

▶▶4＿裁判所（司法権）

　裁判所は司法権を持っています。司法権というのは，簡単にいえば裁判を行う権限のことです。

　裁判は，社会の中で法律を守らない人が現れ，トラブルが起こったときに，裁判官・検察官・弁護士といった法律の専門家が，法律に基づいてトラブルを解決させるための仕組みです。憲法76条には，「すべて司法権は，最高裁判所および法律の定めるところにより設置する下級裁判所に属する」と書いてあり，司法権は裁判所しか持つことができません。

　裁判は，お金持ちに有利になされたり，国会や内閣といった権力に有利になされたりしたらいけません。不公平な裁判では，誰も信用しなくなり，トラブルは解決しません。

　そこで，裁判所や裁判官は，お金持ちやほかの権力（国会や内閣）から命令を受けたり，圧力を受けたりしないとされており，憲法と法律に従うほかは，誰の指図も受けず，自分の良心にのみ従って，独立して裁判を行うこととされています（憲法76条3項）。これを「裁判官の独立」といいます。

　法は，社会がめちゃくちゃにならないためのルールで，法の中で一番強いのが憲法というお話をしてきました。憲法には，人権とか，平和とか，絶対に守らなければならないものが書かれていて，それを破ることは，国会であれ内閣であれ許されません。

　でも，間違って，国会が憲法違反の法律をつくってしまうことがあるかもしれませんし，行政機関が憲法違反の命令などをつくってしまうことがあるかもしれません。そこで，もしそんなことになった場合には，裁判所が憲法違反の

法律などを無効にすることができます。これを「違憲審査権」といいます。

　特に最高裁判所が最終的な判断を下すことになるので，最高裁判所は「憲法の番人」といわれています。

第**5**章

なぜ,それは犯罪になり刑罰が科せられるのでしょうか?

—— 「罪と罰」とその裁判手続を定める刑事法を学ぶ

　読者の皆さんが, 法とか裁判所とか聞いたときに, 真っ先にイメージするのは, 犯罪ではないでしょうか。刑事ドラマでは, 事件が起こり, 次々に怪しい人物が現れ, 犯人捜しが始まりますし, 法廷サスペンスでは, 裁判にかけられた被告人が「私は, やっていない!」などと無罪を主張するシーンが流れることがあります。

　本章 (第**5**章) では, 私たちがドラマやニュースを通して知ることの多い「犯罪」, そして「刑罰」について考えていきたいと思います。

▶ §**1** __ 法律がなければ犯罪はない —— 罪刑法定主義

　「人を殺してはいけない」ことは, 誰でも知っています。世界中, どこでも, 誰でも, みんな知っているでしょう。

　だったら, 法律などなくても,「人を殺すことは『犯罪』だ」といえそうですね。

▶▶1 __ 「パンをふんだ娘」から罪と罰を考える

　では, ここで「パンをふんだ娘」というアンデルセン童話 (寓話) をご紹介しましょう。

◆ 「パンをふんだ娘」

〔前略〕
この娘は貧しいうちの子でした。〔中略〕この娘は〔中略〕美しい娘になりました。

〔中略〕

さて，娘は，いなかのある上品な家庭に奉公にいきました。ご主人夫婦は，この娘をまるでじぶんの子のようにかわいがり，身なりもよくしてくれました。〔中略〕

「インゲルや！一日ひまをあげるから，うちへかえって，年とったおとうさんおかあさんに会っておいで。」と，おくさまがいいました。「それから，この大きな白パンをあげるから，これをおみやげにもっておいで。みなさんは，おまえを見たら，さぞおよろこびだろうよ。」

そこで，インゲルはいちばんいい着物をきて，新しいくつをはきました。そして，スカートをからげて，足をよごさないように気をつけながら出かけました。これはけっしてわるいことではありません。やがて，細い道が沼地の中を通っているところまできました。そこは，しばらくのあいだ，水とどろが道の上にあふれていました。すると，インゲルはパンをどろの中に投げ入れました。そのパンの上をふんで，くつをぬらさないで渡ろうと思ったからです。ところが，片足をパンの上にのせて，もういっぽうの足をあげたとたんに，パンが娘といっしょに沈みはじめました。そして，どこまでもふかくふかく沈んでいって，とうとう娘の姿は見えなくなってしまいました。あとには，黒いあわの浮いている沼が見えるだけでした。

〔中略〕

インゲルは，地獄へいくことになりました。〔中略〕そこには，やせ衰えた人間がずらりとならんでいました。〔中略〕インゲルも立像にされて，〔中略〕恐ろしい苦しみをなめさせられました。〔中略〕

地上でじぶんのことをうわさしているのが，何もかもはっきりきこえてきました。ところが，耳にはいってくるのは，どれもこれも，ひどい，痛いことばかりでした。おかあさんは心から悲しんで涙を流して，こういいました。「高慢は身をほろぼすもとですよ，インゲルや。それがおまえの不幸のもとだったのです。どんなにおまえは，おかあさんに悲しい思いをさせたかしれませんよ。」〔中略〕

こんどは人々が子どもたちに，話をきかせているのがきこえました。子どもたちは，神さまにそむいたインゲルとよんで──「とてもわるい子だったのね。」といいました。「そんなにいけない子なら，苦しんでもしかたがないわね。」

子どもたちのいうことは，インゲルにとって，いつもつらいことばかりでした。

ところが，ある日のことでした。うらみと空腹とで，からっぽになったからだの中が，ひっかきまわされている時，じぶんの名まえをよぶ声がきこえました。ひとりのむじゃきな子が，インゲルの話をきかされていたのです。それは小さな女の子でしたが，高慢でおしゃれなインゲルの話をききますと，わっと泣きだしました。〔中略〕「もしこの世にもどってきたら，わたし，お人形箱をあげるわ。かわいそうなインゲル！どんなにこわいでしょうね！」

〔中略〕その小さな女の子も，おばあさんになって，ちょうど今，神さまのもとに

召されようとしているのでした。〔中略〕おばあさんは思わず大きな声でいいました。「神さま，わたくしも時にはインゲルと同じように，あなたさまのお恵みの賜物をなんとも思わずに，足でふんだことはございませんでしたか。高慢な心をいだいて歩きまわったことはございませんでしたか。それでも，あなたさまは，お恵みによってわたくしをふかく沈ませることなく，こうしてお引きあげくださいます。わたくしのこの最後の時に，どうぞお見すてくださいませんように。」

〔中略〕一すじの光がこのふかい谷底までさしてきました。〔中略〕インゲルの石のようになっていたからだが霧のように消えてしまいました。と同時に，一羽の小鳥が，稲妻のようにジクザグに人間の世界にむかって飛んでいきました。〔中略〕冬のあいだじゅう，この小鳥はこうして，たくさんのパンくずを集めては，ほかの鳥にわけてやりました。そのパンくずはつもりつもって，とうとう，小さいインゲルがくつをよごすまいとしてふんだ，あのパンと同じくらいになりました。こうして，さいごのパンくずが見つかって，それをほかの鳥にやりますと，そのとたんに，灰いろのつばさがまっ白になって，大きくひろがりました。

「あそこに，カモメが一羽，海の上を飛んでいくよ。」と，子どもたちが白い鳥を見ていいました。その鳥は，海に沈んだかと思うと，また，あかるい太陽の光の中にのぼっていきました。太陽がきらきらかがやいていましたので，その鳥がどうなったか，見ることはできませんでした。人々の話では，まっすぐ太陽の中へ飛んでいったということです。

（ハンス＝クリスチャン・アンデルセン，大畑末吉訳『アンデルセン童話集2』，
岩波少年文庫版，2000年，36〜56ページ）

この物語（寓話）では，泥除けのためにお土産のパンを踏むことが「罪」として描かれています。そして，「罪」を犯したために，インゲルは地獄に引きずり込まれるという「罰」を受けています。

物語の中に，法律は出てきません。おそらく，パンを踏む行為を「罪」と決め，地獄に落とすという「罰」を与えることを決めたのは，神様なのでしょう。

確かに，お土産のパンを泥除けに踏みつける行為は，よくないことではあります。だけれども，ちょっと立ち止まって，冷静に考えてみましょう。パンを踏むことは，本当に「犯罪」なのでしょうか。仮に，パンを踏むことが犯罪だったとしても，地獄に落とすこと，つまり，命を奪うことは，犯罪に見合った「刑罰」といえるでしょうか。

▶▶2＿この寓話を現代社会に置き換えてみると……

　物語を現実社会に置き換えてみましょう。現実社会に，物語に出てくるような神様はいないので，犯罪かどうかを判断し，刑罰を科すのは，国家ということになります。物語の通りのことが，この社会で認められれば，権力を持つ国家が，「パンを踏むのは悪いことだね。罪ってことでいいね。じゃあ，死刑」ということを認めることになります。権力者が悪いことだと思えば犯罪になり，権力者が勝手に決めた罰を与える……そんな社会になってしまいます。

　それは，とても怖いことですね。権力者の都合の悪いことがすべて犯罪になり，国民は，何が犯罪になるのかもわからないまま過ごすことになります。国民が，悪気なく行ったことが，たまたま権力者の目に留まり，「許さない！逮捕だ！死刑だ！」となったらどうでしょう。私たちは，自由に好きなことをしたり，安心して暮らしたりすることができなくなります。自由や安心といった，大切な人権が守られない社会になってしまいます。

　だから，「どのような行為が犯罪になるのか，どのくらいの刑罰を受けるのかは，必ず法律に定めなければならない」というルールになっています。これを，「罪刑法定主義」といいます。

　法律がなければ，その行為は犯罪ではないし，刑罰も科せられない。そういうルールにすることで，権力者が勝手に犯罪をつくり出すことはできませんし，勝手に処罰することもできなくなります。国民の代表が話し合い，合理的な理由のある行為だけが「犯罪」と定められ，また，国民の代表が話し合って，犯罪に見合っていると考えられる「刑罰」が定められることになります。これなら，みんな納得できますね。

　そして，国民は，法律をみれば何が犯罪なのか知ることができるので，知らぬ間に罪を犯し，犯罪者になっている，という事態を防ぐことができます。

　以前，新型コロナウイルス蔓延を受け，陽性者が入院を拒否する行為を「犯罪」として法律に定めよう，という議論になったことがあります。でも，国民の代表である国会議員が話し合ったところ，「犯罪にするのは行き過ぎだ」ということになって，刑罰を科すことはやめることになりました。その代わり，刑罰とは異なる行政罰を科すルールに決まりました。

　こうしたニュースが報じられる中で，国民は，「そうか，入院を拒否したら

犯罪になるのか。いや，犯罪ではないと決まったけれど，行政罰というのが科されるようになるのか」など，事前に何が犯罪になるのか，どんな罰が科せられるのかを知ることができ，それを踏まえて行動することが可能になります。

▶▶3__寓話から「罪刑法定主義」の意味するところを考える

　最初にお伝えしたように，「人を殺すことは犯罪だ」と，誰もが思います。いつの時代，どの社会においても悪だと考えられる，こうした犯罪を「自然犯」と呼んでいます。殺人罪のほか，他人の物を盗む窃盗罪なども，自然犯です。

　こうした，誰もが当たり前に悪いと感じる行為も，法律で定めておかなければ犯罪にはならない，それが，罪刑法定主義の考え方です。誰もが当たり前に悪いと考えるかどうか，というのは線引きが難しいですね。「誰もが当たり前に悪いと考えるものだけは，法律で定めなくても犯罪だ」なんていう例外が認められたら，権力がその例外を悪用して，納得のいかない処罰を繰り返す危険があります。だから，当たり前に悪いと感じる行為も含めて，国民が「犯罪」にすべきだと考える行為すべてを法律で犯罪と定めておく必要があるわけです。

　ちなみに，「パンをふんだ娘」の行為は，日本の法律上，犯罪なのでしょうか。奉公先の奥様は「この大きな白パンをあげるから，これをおみやげにもっておいで」といっており，このパンはインゲルにあげたもの，つまり，パンはインゲルの所有物になったといえそうです。自分の所有物を泥沼に捨てても，それは何の犯罪にもなりません。もちろん，奥様の気持ちを踏みにじる行為なので，道徳には反しますが。

　第1章でご紹介したように，道徳というのは，法と同じように社会の秩序を守るルールとして働きますが，法とは異なり，国が強制できるものではなく，個人が自発的に守るべきものです。それなのに，物語の中の神様は，インゲルの行為を勝手に「罪」として，「その罪は重い」と評価し，命を奪うという「罰」を与えています。しかも，単に命を奪うだけでなく，地獄に落としているのです。これは，現実社会に置き換えると，法律に定められていない行為を勝手に犯罪として，死刑にしているのと同じです。

　神様は，インゲルの命を奪うことで，強制できないはずの道徳を強制しているわけです。これは，物語だから許されることです。子どもは，さまざまな童

話を通して道徳心を育みます。架空の物語の中で，「インゲルのような道徳に反する行為は許されないんだ」，「悪いことをすると，神様やおてんとうさまが見ていて，報いを受けるんだ」などと学んでいくのです。そして，現実社会で，国に強制されなくても，自ら道徳的なふるまいをできるようになっていくのでしょう。

▶§**2** __ 疑わしきは罰せず──無罪推定の原則

▶▶1__犯罪かどうか確定するまでは容疑者

　世の中には，法律があってもそれを破ってしまう人が必ず現れます。人を殺してしまう人，人の物を盗んでしまう人，人をだましてお金を巻き上げる人，禁じられた薬を使用する人……ニュースをみていると，犯罪行為に手を染めた人（？）をみることになります。

　さて，皆さん，日々目にしているニュースを思い出してみましょう。「殺人容疑で○○容疑者を逮捕しました」などとアナウンサーがいっています。映像には，手錠をかけられ，うつむき加減で顔を隠しながら犯人と思われる人が映し出されます。皆さんは，これをみて，「ああ，あいつが犯人か」と思っているのではないでしょうか。

　でも，よく目にするこういうニュースは，逮捕の現場を報じているもので，容疑者として映し出されている人は，本当に犯人なのかどうか，まだわかりません。罪を犯した「疑い」があるから，逮捕して，これからよく取り調べましょうという段階です。

　逮捕されて，警察が取り調べて，次に検察が取り調べて，裁判にかけるべきだと検察が判断して，初めて刑事裁判が始まります。そして，この裁判の中で，この人が本当に犯人なのかどうか，証拠に照らして判断されることになります。

▶▶2__「白雪姫」裁判（昔話法廷）を素材に刑事裁判の手続を考えてみる

　それではここで，NHKのEテレで放送されている「昔話法廷」から，「白雪姫裁判」を取り上げて，裁判で犯人かどうか判断するということがどういうこ

となのか，一緒に考えてみたいと思います。

　最初に，グリム童話「白雪姫」のあらすじを振り返っておきましょう。

　　王妃は，ひとりのお姫様を産み，白雪姫と名付けた後，すぐ亡くなりました。白
　雪姫の継母となったあとがわりの王妃は，うぬぼれが強い人で，自分より他の人が少
　しでも美しいと我慢できない性格でした。王妃は，本当のことしかいわない不思議な
　鏡を持っており，鏡に誰が一番美しいか？と質問します。当初，「王妃が一番美しい」
　と答えていた鏡ですが，白雪姫が成長するにつれて，一番美しいのは白雪姫だと答え
　るように。それに腹を立てた王妃は，ひとりの狩人に白雪姫の殺害を依頼します。し
　かし，白雪姫がかわいそうになってしまった狩人は，白雪姫を森の奥に逃がしました。
　森で七人の小人と出会った白雪姫は，小人の家にかくまわれます。しかし，不思議な
　鏡の発言により，白雪姫がまだ生きていることを知った王妃は，おばあさんに化けて
　毒リンゴを白雪姫に食べさせます。白雪姫は倒れてしまうのですが，森に迷い込んで
　きた王子により一命を取り留め，白雪姫は元気になります。白雪姫と王子は結婚し，
　結婚式に招かれた王妃は，人々により，真っ赤に焼けた靴を履かされ，死ぬまで踊ら
　されました。

　……と，こういうストーリーです。

　この物語では，王妃が白雪姫を殺そうとした犯人として描かれています。し
かし，現実に殺人未遂事件が起こった場合，誰が犯人であるか明らかではない
中で，証拠に基づき，被告人が有罪か無罪か判断が下されます。「白雪姫裁判」
は，王妃が検察官に起訴され，裁判の場で有罪なのか無罪なのか争われるとい
う設定です。

◆「白雪姫」裁判

❖Scene01＿　裁判の被告人は王妃
　とある法廷で，裁判員裁判が始まりました。裁判員に選ばれた大平まみは，ほかの
裁判員とともに，このちょっとフシギな裁判の判決を考えなくてはなりません。裁か
れる被告人は，王妃。白雪姫を毒リンゴを食べさせて殺そうとした罪に問われています。
❖Scene02＿　今回の裁判の争点は？
　王妃が犯したとされる罪を，検察官が述べます。白雪姫の美しさに嫉妬を募らせた

王妃は，リンゴ売りのおばあさんに変装し，森に暮らす白雪姫を訪ね，毒リンゴを食べさせ殺そうとしたというのです。しかし，王妃は「白雪姫に会いになんか行っていない」と犯行を全面否定します。王妃は，本当に白雪姫を殺そうとしたのでしょうか？

❖Scene03＿ 証人尋問・白雪姫

　検察官が証人に呼んだのは，被害者である白雪姫。まずは，検察官が質問します。白雪姫は，お城に住んでいた時，王妃から「あなたの美しさがにくい！」と言っていじめられていました。次に，検察官は，事件当日のことを聞きます。白雪姫は「リンゴ売りのおばあさんからもらったリンゴを食べると，急に胸が苦しくなって意識がもうろうとしてきた」と話します。その時に聞いたおばあさんの高笑いの声が，王妃の声だったというのです。白雪姫は，偶然通りかかった王子に助けられて一命を取り留めました。

　次に，弁護人が質問します。「おばあさんの高笑いの声が王妃の声だったと，白雪姫は言うが，毒がまわって意識がもうろうとしている中で確かな判断ができたのか？」と，疑問を突き付けます。そして，「王子には，助けられた時に初めて会ったのか？」と質問します。弁護人は，なぜ，王子について質問したのでしょうか？

❖Scene04＿ 証人尋問・狩人

　検察官は，二人目の証人として，かつてお城で働いていた狩人を呼びました。まず，検察官が質問します。狩人は，かつて王妃から白雪姫を殺害するよう命じられていたのです。狩人は，白雪姫を殺さず，森へ逃がしました。狩人は「王妃は，嫉妬と執念のかたまりみたいな人だ」と話します。今回の事件も王妃のしわざなのでしょうか？

　続いて，弁護人が質問します。狩人は，「事件の３日前，森で狩りをしている時，白雪姫が若い男の人と切り株に腰かけておしゃべりをしていたのを見た」と話します。弁護人が，狩人に，若い男の写真を見せました。「白雪姫がおしゃべりをしていた人に，よく似てる」と狩人は言いました。その人は，白雪姫を助けた隣の国の王子だったのです。白雪姫は「勝手なことを言わないで！」と否定します。白雪姫と王子は，事件の前から知り合いだったのでしょうか？

❖Scene05＿ 被告人質問・王妃

　いよいよ被告人・王妃への質問です。まずは弁護人が質問します。犯行に使われたリンゴには王妃の指紋がありませんでした。王妃は「リンゴにさわっていないので，指紋がついていなくて当然」だと話します。一方，犯行に使われたケープと付け鼻には王妃の指紋が付いていました。それについて，王妃は「自分の持ち物だから指紋が付いていて当然だ」と話します。ケープと付け鼻は，事件の日王妃がぐっすり眠っている間に，部屋から持ち出されたというのです。「城の人間と手を組んで白雪姫が自分をはめた」と王妃は言います。

　続いて，検察官の質問です。検察官は，事件の日，朝までぐっすり眠っていたという王妃のアリバイを証明できる人がいないことを確認します。そして，検察官は，「リ

ンゴが好きか？」と王妃に聞きました。王妃は「いいえ」と答えました。それに対し，検察官は，王妃が，事件の5日前に，王妃がパソコンで「おいしいリンゴ」と検索していた事実を話します。王妃は，リンゴが好きではないのに，なぜそのような検索をしたのでしょうか？

❖Scene06＿　最終弁論

　最後に，検察官と弁護人がお互いの意見を述べ合います。検察官は言います。「王妃の殺意は明白。しかもアリバイもない。白雪姫が王妃をはめたと言うが，それは罪を逃れるためのたわ言にすぎない。王妃は有罪だ」。

　一方，弁護人は，犯行に使われたリンゴに王妃の指紋がないことや，意識が遠のく中で，犯人の高笑いを王妃の声だと判断したことのあいまいさを例に挙げ，王妃を犯人だとする証拠が不十分であることを訴えます。

　王妃は，白雪姫を殺そうとしたんでしょうか？それとも，無罪なんでしょうか？

（NHK for School「『白雪姫』裁判」あらすじ一覧，https://www2.nhk.or.jp/school/watch/outline/?das_id=D0005180222_00000 2023.4.6閲覧）

　読者の皆さんは，王妃が怪しいと思いますか。「一度，狩人に白雪姫の殺害を依頼しているし，白雪姫のことをねたんでいたんだから，今回も王妃がやったに違いない」と考える人も多くいるように思います。

　一方，白雪姫は，王子と以前から知り合いだったのに，それを隠している可能性があります。狩人から，王妃が白雪姫の殺害を狩人に依頼した事実を知った白雪姫は，王妃をこらしめるために，王妃を犯人に仕立て上げる計画を立て，お城の者と王子に協力してもらい，今回の事件をつくり上げた……というストーリーもあるのではないか……弁護人側はそう考えているのでしょう。白雪姫は，お城の者に頼んで，王妃の部屋からケープと付け鼻を持ち出させ，後から助けることができる毒リンゴを食べて，計画通り王子様に助けてもらった…というわけです。

▶▶3＿刑事裁判手続の原則

　裁判では，証拠に基づいて事実を認定していきます。「なんとなく怪しいから」とか「前科があるから」とか「動機（殺してやりたいほど憎んでいた，嫉妬していたなど）があるから」といった理由だけで，有罪だと決めることはできません（刑事訴訟法317条）。

今回は，「王妃が変装して白雪姫に毒リンゴを食べさせた」事実が，証拠から認められるかどうかが問題になります。「証拠から認められる」というのは，証拠に基づき，常識に照らして考えたときに，王妃が犯人であるという「確信が持てる」ことをいいます。何の疑問も残らず，王妃が犯人なのだと考えられることが大事です。王妃が犯人の可能性は高いけれど，そう考えるとちょっとここがおかしいのではないか……という疑問が残るときは，王妃を犯人と認定することはできず，無罪になります。

　これが「疑わしきは罰せず」とか「疑わしきは被告人の利益に」とか呼ばれている刑事裁判の原則です。

　「怪しい人物を有罪にできないなんておかしい」と考える人もいるでしょう。

　でも，自分が警察や検察から疑いをかけられたことを想定してみてください。「やっていない」「私は無罪だ」と主張して，自力で無実を証明できるでしょうか。「やったこと」を証明することはできても，「やっていないこと」を証拠によって証明するのは非常に困難です。しかも，相手は，強い国家権力を持っていて，強制的に捜査することができる立場の警察や検察。疑いをかけられた一市民が，自分の無実を証明しなければならないとすれば，社会は冤罪（真犯人ではない人が有罪とされること）が増え，混乱するでしょう。

　真犯人ではない人が有罪とされ，刑罰を科されれば，その人の人権は国家に奪われ，人生を狂わされてしまいます。一方，真犯人は野放しとなり，自由に生きていけることになってしまいます。

　そういうことがないように，刑事裁判は，権力を持つ側（警察，検察，つまり国家）が有罪の証拠を裁判所に提出し，裁判所が「疑いなく，この人が犯人で，こういう罪を犯している」と判断してはじめて，有罪になるという仕組みになっているわけです。

　ちなみに，手錠をかけられ，うつむき加減に警察に連れていかれる容疑者の姿をテレビでみると，「ああこの人が犯人か」と思ってしまいがちですが，刑事裁判で有罪が確定するまでは，「罪を犯していない人」として扱わなければならないというルールになっています。これを「無罪の推定」といいます。警察が間違えて逮捕することもあるわけで，裁判ではっきりする前に，まるで犯人であるかのように振る舞われたら，間違えられた人の人権は侵害されてしま

いますからね。

▶▶4＿王妃は有罪か無罪か？

　これを前提に，王妃が有罪なのか無罪なのか，考えてみましょう。

- ・王妃が犯行に及ぶところを直接目撃する者や監視カメラの映像などはない
- ・毒リンゴには，王妃の指紋がなかった
  - →犯人がふきとった可能性，手袋をしていた可能性がある
- ・犯行に使用されたケープと付け鼻には，王妃の指紋が付いていた
  - →リンゴに指紋を残さなかったのに，なぜ犯行に使用したグッズの指紋は残したのか
- ・白雪姫は，意識がもうろうとする中で，王妃の高笑いらしい声を聞いた
  - →意識がもうろうとしている中で聞いたということから，白雪姫の証言の信用性は高くなく，この証言だけで「白雪姫の聞いた声」＝「王妃の高笑い」と確信をもって認定するのは難しいか
- ・白雪姫は王妃が自分を殺そうとしていることを知っていたこと（狩人の証言），王子と事件前から知り合いだったのに隠している可能性が高いこと（王子と似た男と白雪姫が話していたという狩人の証言，森で偶然助けられたという不自然さが残る白雪姫の証言内容）から，白雪姫の証言の信用性にはさらに疑問が出てくる
- ・王妃が白雪姫に嫉妬し，過去，狩人に殺害を依頼していたという事実はある
  - →しかし，直ちに毒リンゴの件も王妃の犯行だということにはならない
- ・王妃が「おいしいリンゴ」と検索した事実は認められる
  - →しかし，直ちに毒リンゴをつくるために買ったということにはならない
- ・王妃にはアリバイがない
  - →しかし，直ちに王妃が犯行現場に行って罪を犯していたということにはならない

　直接的な証拠として，高笑いに関する白雪姫の証言と，犯行に使われたケープ等についている指紋しかないこの事件において，疑いなく犯人は王妃であるといえるでしょうか？

　現実の裁判では，毒リンゴの毒が死ぬほどの毒性があったのか証拠が出されるでしょうし，現場に残された足跡や，犯行に使われたケープや付け鼻の発見状況，王妃以外の指紋の有無，王妃の住むお城の防犯カメラ映像（王妃がお城

を抜け出した形跡がないか？）……など，ほかにもたくさんの証拠が出されるはずです。それらを総合して，王妃が犯人なのか，判断されることになるでしょう。

> ☕ **パウゼ 5.1__ 黙秘権も人権なのですか？**
>
> 犯罪の疑いをかけられ，逮捕され，裁判にかけられてしまったとしても，ずっと黙ったままでいていい…そんな話を聞いたことがある人は多いのではないでしょうか。それは，「都市伝説」などではなく，憲法で定められた立派な人権「黙秘権」のことです。
>
> 憲法38条1項は，「何人も，自己に不利益な供述を強要されない」と定めており，それを受けて，刑事訴訟法で，逮捕されて取り調べを受ける被疑者や，起訴されて刑事裁判にかけられた被告人に，自己の意思に反して供述することを強要されない権利（黙秘権）を保障しています。被疑者や被告人は，あらかじめ黙秘権があることを告げられ（刑事訴訟法198条2項・291条4項），強制的にさせられた自白は，証拠とすることができないことになっています（憲法38条2項，刑事訴訟法319条1項）。
>
> このように黙秘権が定められたのは，拷問などによって「無理やり吐かせてやる（自白させてやる）！」という方法を認めないためです。拷問は人道的ではありませんし，強制的な取り調べにより，無実の人がやってもいない罪を認めるケースが増えてしまうおそれもあります。黙秘権は，社会正義を守る重要な人権です。
>
> 黙秘権がある以上，黙秘したことを理由に不利益な扱いをすることは許されません。しかし，事案によっては，黙秘することにより，捜査がなかなか進まず，結果的に身柄拘束が長引いてしまったり，裁判において反省していないという評価につながり，量刑に影響を及ぼしたりすることもあります。どのタイミングでどの部分を黙秘すべきか……被疑者・被告人にとって有利となる黙秘権の使い方もいろいろなのです。

▶ **§3** __ 裁判員制度を考えてみよう

先ほどご紹介した「白雪姫裁判」は，裁判員裁判として描かれていました。

裁判員裁判。聞いたことはあるけれど，どこか他人事に感じている読者も少なくないかもしれません。しかし，この本を手に取ったほとんどの人は，近い

将来，裁判員として裁判に参加する可能性があります。

　そこで，裁判員制度とは何なのか，裁判員に選ばれたらどうすればいいのかなどについてお伝えしたいと思います。

▶▶1__裁判員制度って？

　裁判員制度とは，刑事裁判に国民が参加する制度です。裁判にかけられている被告人が有罪なのか，無罪なのかを考えたり，有罪なら，この事件ではどのくらいの刑罰がいいか決めたりします。

　裁判員裁判が行われるのは，すべての犯罪ではなく，一定の重大犯罪の疑いで裁判になった事件に限られます。たとえば，殺人罪，そのほか，人が住んでいる建物へ放火する罪，強盗の際に人を傷つけてしまった罪，身代金目的で誘拐する罪などです。

　原則，裁判員6人と裁判官3人が1つの事件を担当します。

▶▶2__裁判員には誰がなる？

　裁判員は，衆議院議員選挙の有権者から選ばれることになっています。18歳以上の国民であれば，いつ選ばれてもおかしくないということです。ただし，弁護士などの法律家は裁判員になることができません。一般国民の意見を刑事裁判に取り込むことが目的なのに，法律家が裁判員になってしまっては意味がなくなるからです。

　裁判員は，無作為にくじで選ばれます。政府や裁判所などが，気に入った人を裁判員に選ぶわけではなく，あくまで公平に選ばれるわけです。

　選挙人名簿から，翌年1年間の裁判員候補者が選ばれ，「裁判員候補者名簿」が作成されます。事件の審理が始まる前に，その事件を担当する裁判員を，「裁判員候補者名簿」の中からくじ引きで選びます。

▶▶3__裁判員候補者名簿に名前が載ったら？

　「裁判員候補者名簿」に名前が載ると，裁判所から「名簿に載りました」という通知が届きます。そうなると，翌年の1年間，裁判員に選ばれる可能性があります。

「いやいや，学生だし，勉強があるから裁判員に選ばれたら困るぞ」と思った読者もいるのではないでしょうか。裁判員になったら，裁判に参加しなければならず，自分のいつもの生活が変わってしまいますから，無理もないでしょう。

そこで，「名簿に載りました」というお知らせには，調査票が同封されており，それに1年を通じて辞退できる理由（70歳以上，学生であることなど）や，辞退を希望するかどうかなどを書いて返送することになっています。

ここで辞退事由があることが認められれば，1年間裁判員候補者として裁判所に呼び出されることはなくなります。

気をつけてほしいのは，裁判員の辞退は原則認められないということ。これから，社会人になり，仕事が忙しくなったとしても，単に「仕事が忙しい」という理由だけでは辞退できません。自分がその仕事をしなければ，事業に著しい損害が生じる恐れがある場合に，はじめて辞退を申し出ることが認められるなど，いろいろな制限があります。

▶▶4＿特定の事件の候補者になると？

「裁判員候補者名簿」に名前が載っている1年の間に，一定の重大事件が起こり，刑事裁判が始まることになると，その名簿からくじ引きで，今回の事件の候補者が選ばれます。

選ばれた者には，裁判所から呼出状が届き，指定された日時に裁判所に行くことになります。

裁判所に行くと事件と何らかの関係がないか質問票に回答したり，裁判官から直接事件と関係がないか質問を受けたりします。辞退を申し出ている場合には，裁判官から辞退の事情なども聴かれます。

そうした手続を経て，最後にはくじで6人の裁判員が選ばれ，場合によっては補充裁判員も決められます。

▶▶5＿裁判員になったら？

裁判員になったら，裁判の開かれる日に裁判所に行きます。裁判はできるだけ毎日開かれ，集中した審理が行われます。争いのない事件では，2，3日で終わりますが，争いのある事件の場合，1週間以上拘束されることもあります。

刑事裁判の流れは，先ほどの「白雪姫裁判」を思い出してください。いろんな証人が法廷に現れ，お話ししていましたね。あんな風に，実際の裁判でも，証人から直接話を聞いたり，検察官や弁護人が提出した証拠をみたりしながら，判断していくことになります。証人が本当のことをいっているのか，信用できるのか，考えながら聞くことが大切です。

　なお，裁判員も疑問があれば，裁判長に告げたうえで，証人や被告人に対して，質問することができます。

　証拠が出そろい，検察側，弁護側の意見を聴き，裁判が終わると，裁判員と裁判官は，被告人が有罪なのか無罪なのか，有罪の場合，刑をどうするかを話し合うことになります。「疑わしきは罰せず」の原則を思い出し，疑問なく有罪といえるかどうかを基準に判断することになります。

　裁判員と裁判官が話し合い，できるだけ全員一致での結論を出すことを目指します。どうしても全員一致に至らない場合には，多数決によって結論を出します。

　最後に判決が宣告され，裁判員の任務は終了します。

　裁判員として裁判に参加している間，会社は休むことができます（労働基準法7条）。

　その間，日当や交通費が出ます。

▶ §4 ＿「残虐な刑罰の禁止」と死刑制度

▶▶1 ＿「かちかち山」から刑罰を考えてみる

「かちかち山」という有名な昔話を通して，刑罰について考えてみましょう。

♥「かちかち山」

〔前略〕裏の山から一ぴきの古だぬきが出てきて，おじいさんがせっかく丹精をしてこしらえた畑のものを荒らした上に，どんどん石ころや土くれをおじいさんのうしろから投げつけました。〔中略〕おじいさんも困りきって，わなをかけておきますと，

ある日,たぬきはとうとうそのわなにかかりました。

　おじいさんは〔中略〕たぬきの四つ足をしばって,うちへかついで帰りました。そして〔中略〕おばあさんに,

「逃がさないように番をして,晩にわたしが帰るまでにたぬき汁をこしらえておいておくれ。」

　と言いのこして,また畑へ出ていきました。〔中略〕たぬきが,上から声をかけました。

「もしもし,おばあさん,くたびれたら少しお手伝いをいたしましょう。その代わりこの縄をといて下さい。」

　〔中略〕あんまりしつっこく,殊勝らしくたのむものですから,おばあさんもうかうか,たぬきの言うことをほんとうにして,縄をといて下ろしてやりました。するとたぬきは,〔中略〕いきなりおばあさんの脳天からきねを打ち下ろしますと,〔中略〕おばあさんは目をまわして,倒れて死んでしまいました。

　たぬきはさっそくおばあさんをお料理して,たぬき汁の代わりにばばあ汁をこしらえて,自分はおばあさんに化けて,すました顔をして炉の前に座って,おじいさんの帰りを待ちうけていました。〔中略〕

　たぬきのおばあさんは,思わず,「ふふん。」と笑うひょうしにたぬきの正体を現しました。

「ばばあくったじじい,流しの下の骨を見ろ。」

　とたぬきは言いながら,大きなしっぽを出して,裏口からついと逃げていきました。

　〔中略〕「おじいさん,おじいさん,どうしたのです。」

　と言って,これも裏の山にいる白うさぎが入って来ました。

「ああ,うさぎさんか。よく来ておくれだ。まあ聞いておくれ。ひどい目にあったよ。」

　とおじいさんは言って,これこれこういうわけだとすっかり話をしました。うさぎはたいそう気の毒がって,

「まあ,それはとんだことでしたね。けれどかたきはわたしがきっととって上げますから,安心していらっしゃい。」

　とたのもしそうに言いました。

　〔中略〕うさぎのつけた火が,たぬきの背中のしばにうつって,ぼうぼう燃え出しました。

　〔中略〕たぬきは,「あつい,あつい,助けてくれ。」〔中略〕たぬきはひいひい泣き声を上げて,苦しがって,ころげまわって,やっとのことで燃えるしばをふり落として,穴の中にかけ込みました。

　〔中略〕そのあくる日,〔中略〕たぬきが火ぶくれになって,赤肌にただれている背中を出しますと,うさぎはその上に唐がらしみそをところかまわずこてこてぬりつけました。すると背中はまた火がついたようにあつくなって,

「いたい,いたい。」

と言いながら，たぬきは穴の中をころげまわっていました。

〔中略〕　うさぎが木の舟をこしらえますと，たぬきはうらやましがって，まねをして土の舟をこしらえました。舟ができ上がると，うさぎは木の舟に乗りました。たぬきは土の舟に乗りました。〔中略〕　そのうちにだんだん水がしみて土の舟は崩れ出しました。〔中略〕

「ああ，沈む，沈む，助けてくれ。」

うさぎはたぬきのあわてる様子をおもしろそうにながめながら，

「ざまを見ろ。おばあさんをだまして殺して，おじいさんにばばあ汁を食わせたむくいだ。」

と言いますと，たぬきはもうそんなことはしないから助けてくれと言って，うさぎをおがみました。そのうちどんどん舟は崩れて，あっぷあっぷいうまもなく，たぬきはとうとう沈んでしまいました。

（楠山正雄「かちかち山」青空文庫，2003，https://www.aozora.gr.jpcards/ 000329/ files/18377_11982.html2023-04-13閲覧）

「かちかち山」のお話の中で，たぬきはおばあさんを殺しており，殺人罪を犯しています。

それに対する刑罰は，本来なら，国が裁判で決めるわけですが，物語では，代わりにうさぎが出てきて，たぬきに3つの罰を与えています。1つが，たぬきの背中に大やけどを負わせる刑，もう1つが大やけどをした背中に唐辛子を塗り付ける刑，3つめが死刑といえるでしょう。

▶▶2＿日本国憲法のもとでの刑罰の考え方

皆さんは，犯罪者は悪いことをしたのだから，どんなに重い刑罰を受けても仕方ないと思いますか？

かちかち山のたぬきは，親切なおばあさんをだまして殺し，おじいさんにばばあ汁を飲ませるという最低なことをしました。これに対して，国はうさぎの下した刑と同じ刑をたぬきに与えてもよいのでしょうか。

背中を燃やす火あぶりの刑。やけどを負った背中をさらに痛めつける刑。溺死させる刑。これは，ちょっと怖いな，やり方がひどすぎるのではないか……と感じる人もいるでしょう。

日本国憲法では，拷問や残虐な刑罰は，禁止されています（憲法36条）。したがっ

て，国家はうさぎのやったような刑罰を科すことはできません。どんなに凶悪な犯人であったとしても，拷問したり，残虐な刑罰を科したりすることは認められていないのです。なぜなら，残虐な刑罰は，人道に反するからです。人として守るべき道に反する刑罰を国家が科すことはできません。

▶▶3__憲法に違反する「残虐な刑罰」とは？

　ここで，「では，死刑はどうなるのだろう？」と考えた人がいるかもしれません。日本には死刑という刑罰が法律で定められています。死刑は，国が人を殺すことなのだから，「残虐な刑罰」にあたり，憲法違反なのでは？という疑問が浮かびます。

　この点について，裁判所が判断したことがあります。最高裁判所は，「今の死刑のやり方は，火あぶりなどに比較して人道上，残虐性を有するとはいえない。死刑があることで，犯罪の予防につながり，死刑を執行することで悪を根っこからなくし，社会を守ろうとした制度なので，『残虐な刑罰』にあたらない」と判断しました（最高裁大法廷昭和23（1948）年3月12日判決）。

　今の死刑のやり方，皆さん，知っているでしょうか。「死刑は，刑事施設内において，絞首して執行する」と刑法11条が定めています。具体的には，死刑を執行する人がボタンを押すと，死刑囚が立っている床が開いて，死刑囚は首を吊って亡くなることになります。

　何をもって「残虐」と捉えるのかは，国民が決めることで，時代によって変わるものです。皆さんは，死刑制度についてどう感じるでしょうか。それぞれ考えてみてください。

✍トピック5.1__　死刑制度に対する考え方（賛否両論）

　死刑制度は賛否両論ある制度です。
　ここで，死刑制度賛成（死刑存置）の立場，死刑制度反対（死刑廃止）の立場の主な意見をご紹介します。皆さんが考えを深める材料にしてください。
　① 死刑制度賛成（死刑存置）の立場
・人を殺したのであれば，自らの命をもって償うべきである。それが正義にかなっ

ている。

・一定の極悪非道な犯人に対しては死刑を科すべきであるというのが，国民道徳となっている。

・被害者や遺族の心情からすれば，死刑は必要である。

・誤判が許されないのは，死刑以外の刑罰についても同じである。また，誤判は極めて稀なことであり，稀な事態を普遍化して議論することは，刑事裁判そのものの否定につながる。

・死刑制度は犯罪抑止につながる。

・更生することのできない凶悪な犯人による再犯を防ぎ，未来の犠牲者をなくすことにつながる。

　②　死刑制度反対（死刑廃止）の立場

・死刑は野蛮であり，残酷である。人道上許されない刑罰である。

・死刑の廃止は，国際的な流れである。先進国におい完全なる死刑存置国は日本だけである。

・死刑の代わりに無期刑を設けることで正義は達成できる。それにもかかわらず，死刑を残すことは残虐であり，許されない。

・死刑は一度執行すると取り返しがつかない。誤判の可能性がある以上，死刑は廃止すべきである。

・死刑の犯罪抑止力には疑問がある。信念をもって人を殺す人，自暴自棄に陥った人…などは，死刑があったとしても罪を犯すし，自殺願望のある人は，逆に死刑にしてほしくて罪を犯すことも考えられる。

・犯人は，生涯をかけて被害者や遺族に被害弁償させ，罪を償わせるべきである。

・どんな凶悪な犯人であっても，更生の可能性はある。

第6章

私的自治を原則とする社会とは？
——自由な市民社会を支えている民法（財産法）を学ぶ

▶§**1** ＿ 法律を「刑事」と「民事」になぜわける？

▶▶1＿禁止・刑罰の法（刑事法）と私人間の利害調整の法（民事法）

「法律」と聞くと，真っ先にイメージするのは，犯罪や刑罰であり，多くの人は，「法律に書かれていることは絶対に守らなければいけないもの」と考えているでしょう。

でも，法律にもいろんなものがあります。すべての法律が，「○○した者は，××という刑に処する」と定めているわけではありません。罪と罰について定めた法律全般を「刑事法」と呼びますが，刑事法は法律の中のごく一部に過ぎません。

では，それ以外に，どんな法律があるのでしょうか。私たちは，日々，買い物をしたり，お金の貸し借りをしたり，旅行に行ったり……いろんな活動をしています。そこで，誰にどんな権利があって，どんな義務があるのかなどを定め，もしトラブルになったときに解決する基準を示す法律が必要です。そうした法律全般を「民事法」と呼んでいます。

刑事法は，社会の中で絶対してはならない悪を罪として定め，国家が処罰するルールです。しかし，世の中には，国による処罰の必要はないけれど，私人同士（私人間）で利害調整が必要となることは多くあり，社会の秩序を守るためには，「刑事」と「民事」，２つの法が必要になります（なお，公法・私法というわけ方については第**2**章を参照してください）。

法だけでなく，裁判も，刑事と民事では大きく異なります。

第**5**章で検討したように，刑事裁判では，罪を犯したのではないかと疑いをかけられた人（被告人）が無罪なのか有罪なのか，有罪の場合にどれだけの刑罰を科すのがふさわしいのかを検討します。「有罪である」と証明しなければならないのは検察官であり，裁判所は証拠に基づき，結論を出します。

一方，民事裁判では，市民同士がお互いの言い分を主張し合い，裁判によって，それぞれの権利や義務をはっきりさせます。たとえば，当事者がお金の貸し借りの有無を争っているケースでは，貸し借りの事実があったのかどうか，お互いが証拠を出し合い，裁判所が判断します。そして，お金を返してもらう権利，返さなければならない義務があるのか結論を出します。

民事裁判の場合，当事者が納得できれば，争いは終わるため，裁判の途中で和解によって解決することも多くあります。一方，刑事裁判では，被害者と加害者が納得しても，社会秩序を守るため，国として処罰することが必要なケースもあり，当事者同士の話し合いによって裁判が途中で終わることはありません。

▸▸2＿＿民事法の特徴としての私的自治

「刑事法」で犯罪とされた行為は，絶対禁止です。罪を犯せば，国から刑罰を科されてしまいます。

一方，「民事法」は，すべて法律に書かれた通りにしなければいけないわけではありません。法律に書かれた通りにしなければいけない規定（強行規定）と，当事者の意思によって変更することが認められている規定（任意規定）があります。

民事法の基本となる民法には，売買契約や贈与契約，賃貸借契約……など13種類の契約が定められていますが，私たちは，民法に定められている契約以外の契約を自由にすることができます。また，民法に書かれていることとは異なる約束をしても，当事者が納得していれば，原則有効です。

1つ例を挙げてみましょう。Aさんが，「このパソコン，私，使わなくなっちゃったから，あなたにあげるね」とBさんに言いました。Bさんが「ありがとう。助かるよ」と答えました。Aさんは，Bさんにパソコンを渡しました。しかし，翌日，Aさんは急にそのパソコンが必要になってしまい，事情を告げ，「ごめ

ん，Bさん。あのパソコン，返してくれる？」と言いました。Bさんは「そうか。
残念だけど，私はまだ何も使っていないし，返すね」と言って，パソコンを返
しました。

　法的に言うと，AさんとBさんは，口頭で贈与契約を結んでいます。民法に
よれば，「書面によらない贈与は，各当事者が解除をすることができる。ただし，
履行の終わった部分については，この限りでない」（民法550条）と定められて
います。これを読む限り，AさんはBさんにパソコンを渡し終えているので，「履
行が終わった」ことになり，解除できない，つまり，Bさんはパソコンを返さ
なくてよいということになります。

　でも，それは，BさんがAさんにパソコンを「返してはいけない」という意
味ではありません。BさんがAさんの事情を理解し，納得してパソコンを返す
ことは当然認められます。この民法の規定は，あくまでAさんとBさんが対立し，
返す，返さないとトラブルになったときの解決基準として定められているに過
ぎないわけです。

　このように，民事の世界は，基本，私たちの自由に委ねられています。国か
ら，「こういう契約をしなくちゃいけない」とか「あいつとは契約するな」と
か命令されることはないというのが原則となっています。こうした原則を「私
的自治の原則」と呼んでいます。

🖋 トピック 6.1＿ 「契約」も法と同じように社会秩序を守っている

　「法」は社会秩序を守るもの（→第1章参照）ですが，「契約」もまた，社会が
めちゃくちゃにならないためのルールとして機能しています。

　契約というのは，簡単に言えば約束のことです。約束したら守らなければいけ
ませんよね？全く守られないのなら，はじめから約束する意味がありません。約
束を守ることにより，私たちの社会には秩序が生まれます。

　「契約」という言葉は，「約束」という言葉より，響きが重く，かたいイメージ
があります。その通りで，「契約」は「約束」の中でも，法的責任が発生するもの
をさします。

　たとえば，友達同士で「明日の夕方に，時間があれば，あの喫茶店にいてよ。
俺も行けたら行くからさ」「了解」といった約束をしたとしましょう。もし，時間

はあったけれど，面倒くさくなって行かなかった場合，「約束を破ったな！裁判所に訴えてやる！」……となるかというと，ふつう，なりませんよね。たとえ訴えたとしても，裁判所は，「あなた方のした約束は，法律で強制できる『契約』とはいえません」と判断するでしょう。なぜなら，法的責任を発生させるほどの真剣さがない，あいまいな内容だからです。

これに対して，「来月末，必ず返すから，お金を貸して」「いいよ」と約束したとしましょう。来月末がやってきてお金を返してくれなかったとしたら困ります。何度，返してと言っても返してくれないとき，裁判所に訴えると，裁判所は「あなたたちは，お金の貸し借りについて『契約』していますね。契約違反は許されません。ちゃんとお金を返してください」と判断するでしょう。なお，契約書などをつくっておらず，ただの口約束だったとしても，「契約」は成立します。

このように，「契約」と「約束」は，法的責任が発生するかどうかが異なりますが，いずれにせよ，約束は守るべきものであり，守ることによって社会がめちゃくちゃにならずに済むという１つのルールです。

▶§2 __「違法」とは？──犯罪と不法行為

▶▶1__刑事上の違法と民事上の違法

【1】 よく使われる「違法」という言葉の意味？

さて，皆さんは，「それは，違法だから許されない」「違法だから，損害賠償とれるのでは」などというセリフを一度は聞いたことがあるのではないでしょうか。普段，何気なく使われている「違法」という言葉ですが，これは，どういう意味なのでしょう。

「○○をすれば，××の刑に処する」と書かれている法律，つまり刑事法に違反すれば，それは，何か特別な事情がない限り「違法」です。

特別な事情というのは，「正当防衛」が成立するようなケースです。たとえば，XさんがナイフでYさんを刺し殺そうとしてきたので，Yさんが自分の身を守るために襲ってきたXさんを突き倒したら，Xさんが頭を打って死んでしまった……というような場合です。Yさんは，Xさんを死なせていますが，それは自分の身を守るために必要最小限の反撃を加えたものなので，違法性がなくなります。

そういう例外的なケースでない限り，刑事法に違反すれば，「違法」です。

【2】 民事法上の「違法」ということ

一方，民事法に違反して「違法」になることもあります。市民同士の法律関係を定める「民事法」は，前述した通り，基本，市民の自由に委ねています。

でも，自由にも限度があります。民事法の中にも，当事者の意思で変更できない規定（強行規定）があり，それに違反すれば「違法」になります。強行規定は，弱者を守るために存在します。市民は皆，平等とはいえ，たとえば，会社と雇われている労働者，大企業とその商品を購入する消費者では，実質上，力関係がありますね。労働者や消費者は，強者と対等に契約を結ぶことができず，法律が当事者の自由に委ねていたら，労働者や消費者は強者の言いなりの契約を結ばされてしまいます。そこで，法律が，「当事者同士で別の約束は許しません。法律に書いてある通りに契約してください」と定めてくれているのです。そうした規定に違反すれば，「違法」になるというわけです。

また，実質的な力関係が対等な市民同士であっても，わざと，または，不注意で，他人の権利を侵害すれば「違法」になります（民法709条）。いわゆる，「不法行為」というものです。

たとえば，住宅地の道路で子どもを遊ばせる親がおり，閑静な住宅街に子どもの遊び声が響いていたとしましょう。近所に住む人の中には，病人や受験生などいろいろおり，子どもの声をうるさく感じて苦しんでいました。近隣住民は，「近くに公園があるので，そちらで遊ばせてくれないか」と頼みましたが，子どもの親たちは「ここはみんなの道路なのだから構わないじゃないか。昼間だけだし，これからもここで遊ばせたい」と譲らず，トラブルになってしまったとしましょう。

このような場合，話し合いがこじれると，裁判になることがあります。裁判では，子どもを道路で遊ばせることが「違法」になるのかが争われます。違法かどうかは，子どもの声の大きさや時間帯，場所の特徴……などいろんなことを踏まえ，常識的に考えて，「我慢すべきレベル」を超えているかどうかによって変わってきます。我慢すべきレベルを超えていると判断されれば「違法」となり，保護者側は，損害賠償金を支払うことになったり，違法な遊ばせ方をやめなければならなくなったりします。

▶▶2__2つの違法の性格を考える——「猿かに合戦」を素材に

今，みてきたように，世の中にあふれている「違法」という言葉には，大きくわけて2つの意味があります。刑事上の違法と，民事上の違法です。

この2つの「違法」は，どういう関係にあるのでしょうか。また1つ，昔話を使って考えてみましょう。

♥「猿かに合戦」

むかし，むかし，あるところに，猿とかにがありました。
ある日猿とかにはお天気がいいので，連れだって遊びに出ました。その途中，山道で猿は柿の種を拾いました。またしばらく行くと，川のそばでかにはおむすびを拾いました。〔中略〕猿はほんとうはおむすびがほしくってならないものですから，かにに向かって，

「どうだ，この柿の種と取りかえっこをしないか。」
と言いました。
「でもおむすびの方が大きいじゃないか。」
とかには言いました。
「でも柿の種は，まけば芽が出て木になって，おいしい実がなるよ。」
と猿は言いました。そう言われるとかにも種がほしくなって，

「それもそうだなあ。」
と言いながら，とうとう大きなおむすびと，小さな柿の種とを取りかえてしまいました。猿はうまくかにをだましておむすびをもらうと，見せびらかしながらうまそうにむしゃむしゃ食べて，

「さようなら，かにさん，ごちそうさま。」
と言って，のそのそ自分のうちへ帰っていきました。
〔中略〕
かには柿の種をさっそくお庭にまきました。〔中略〕
柿の木にはたくさん実がなって，ずんずん赤くなりました。それを下からかには見上げて，

「うまそうだなあ。早く一つ食べてみたい。」
といって，手をのばしましたが，背がひくくってとどきません。こんどは木の上に登ろうとしましたが，横ばいですからいくら登っても登っても落ちてしまいます。とうとうかにもあきらめて，それでも毎日，くやしそうに下からながめていました。
するとある日猿が来て，鈴なりになっている柿を見上げてよだれをたらしました。

〔中略〕それを見てかには，

「猿さん，ながめていないで，登って取ってくれないか。お礼に柿を少し上げるよ。」

と言いました。猿は，

〔中略〕するする木の上に登っていきました。そして枝と枝との間にゆっくり腰をかけて，まず一つ，うまそうな赤い柿をもいで，わざと，「どうもおいしい柿だ。」と言い言い，むしゃむしゃ食べはじめました。かにはうらやましそうに下でながめていましたが，

「おい，おい，自分ばかり食べないで，早くここへもほうっておくれよ。」

と言いますと，〔中略〕猿はうるさそうに，

「よし，そんならこれをやる。」

と言いながら，いちばん青い硬いのをもいで，あおむいて待っているかにの頭をめがけて力いっぱい投げつけますと，かには，「あっ。」と言ったなり，ひどく甲羅をうたれて，目をまわして，死んでしまいました。猿は，「ざまをみろ。」と言いながら，こんどこそあまい柿を一人じめにして，おなかのやぶれるほどたくさん食べて，その上両手にかかえきれないほど持って，あとをも見ずにどんどん逃げて行ってしまいました。

〔後略〕

（楠山正雄「猿かに合戦」青空文庫，2003年，より抜粋・引用
https://www.aozora.gr.jp/cards/000329/files/18334_11947.html
2023-04-20閲覧）

物語は，この後，子ガニたちが戻ってきて，猿に敵を討とうということになり，子ガニ・栗・蜂・昆布・臼が集まって，みんなで猿をやっつける相談をします。猿は火鉢から飛び出した栗に熱い思いをさせられ，蜂に刺されて痛い思いをさせられ，昆布に滑って転び，そこに重い臼がやってきて下敷きにされ，最後は子ガニのはさみで首を切られて殺される……というストーリーが続きます。

▶▶3＿この物語での「猿」の法的責任と「子ガニたち」の救済は？

【1】 猿の法的責任は？

ここでは，物語を現実社会に置き換えて，猿の法的責任について考えてみましょう。

猿は，親ガニを殺しているので，まずは，警察がやってきて，「殺人罪」などの容疑で逮捕され，刑事責任を問われるでしょう。

もしかしたら，猿は「青い柿の実を投げつけたのは確かだけど，柿の実くら

いで死ぬと思わなかった。カニの甲羅はすごく硬いし、柿の実で甲羅が砕けて死んでしまうなんて……」と「殺意」を否定するかもしれません。検察官は、青い柿の実の硬さや、猿の投げつけ方などを踏まえ、「殺意」まで立証するのは難しいと判断し、「傷害致死罪」で起訴するかもしれません。

　いずれにせよ、猿は、殺人や、傷害致死といった犯罪に手を染めたとして、刑事責任を問われます。猿の行いは、法律で厳格に定められている犯罪の要件を満たしており、「違法」だからです。

　裁判で有罪であることや刑が確定すると、猿は刑に服することになります。国家に拘束されて、懲役刑を受けるわけです。

【2】　子ガニたちの救済は？

　しかし、これは、あくまで猿と国家の話。猿が刑に服しても、子ガニたちが救済されるわけではありません。刑事手続は、猿と子ガニたちという、当事者同士の紛争を解決してくれるわけではないのです。

　当事者同士の紛争を解決する仕組みが民事法にあります。先ほど紹介した、「不法行為」というものです。

　猿は、親ガニを殺しており、カニの一番大切な命という権利を侵害しています。猿の行為は、民事上も「違法」であり、「不法行為」に当たるので、子ガニたちは猿に対して損害賠償請求することができます。当事者同士のトラブルは、基本的にお金で解決しましょう、ということです。親ガニを生き返らせることができれば、それが一番ですが、それができない以上、「違法」なことをした人が、被害を受けた人にお金を支払うことで、公平を守ろうとしているのです。

　子ガニたちは、猿を訴えて、裁判所に「損害賠償請求権」があることを認めてもらいます。権利が認められても、ずるい猿は、自分からお金を支払おうとしないかもしれません。そういうときも、法律にのっとって強制的に支払わせることが可能です。具体的には、強制執行の申立てをして、猿の家や貯金などを差し押さえ、そこから損害賠償金を回収することになります。

　ただ、実際には、刑務所に入れられた猿が、家も貯金も何も持っておらず、損害賠償金を支払えないということもよくあります。

【3】　子ガニたち被害者はどう救われるのか？

物語の中で，子ガニたちは，親ガニが亡くなっているのをみつけて，おいおい泣くのですが，栗・蜂・昆布・臼……と仲間が増えていくと，泣き止みます。そして，物語は，敵を討って，「めでたし，めでたし」と終わります。

しかし，現実社会では，そう簡単に，親ガニを失った子ガニたちの涙は尽きることがないように思います。

まず，敵を討ったからといって，悲しみ，苦しみは消えません。それに，現実社会では，「自力救済」「私的制裁」は禁じられていて，子ガニたちは自ら敵をとることはできません（→第**2**章参照）。もちろん，国家も，火鉢から飛び出した栗によって熱い思いをさせる刑とか，重い臼の下敷きにする刑とか，はさみで首を斬る刑などはできません。それらは，「残虐な刑罰」だからですね（→第**5**章参照）。

猿が刑務所に入れられて，自由を奪われたとしても，猿に財産がなければ，子ガニたちは何の被害も回復されないまま……これでは，被害者が救われません。そこで，少しでも犯罪被害者を救おうと「犯罪被害給付制度」がつくられ，一定の犯罪の被害者や遺族は，国から給付金を支給してもらうことができます。また，子ガニたちは，猿の刑事裁判に参加して，被害者として意見を述べることができる場合があります。

【4】 刑事上の違法と民事上の違法のズレ

さて，猿の行為は，刑事上も民事上も「違法」でしたが，世の中には，刑事上は違法ではないけれど，民事上は違法になることがたくさんあります。

子どもの遊び声をめぐるご近所トラブルを思い出してください。道路で子どもを遊ばせることは，犯罪ではありませんよね？でも，度を越した騒音になっているようなケースでは，民事上は「違法」とされる可能性がないわけではありません。

つまり，民事上の「違法」の範囲は，刑事上の「違法」の範囲より広いといえます。刑事上「違法」になるのは，法律に犯罪として書いてある行為をしたときだけです。法律に罪として書いていない行為をしても，犯罪にはなりません。「罪刑法定主義」というのでした（→第**5**章参照）。

でも，「犯罪」ではなくても，私たちが暮らしていると，市民同士でいろんなトラブルが起こります。「わざと，または，うっかり不注意で，他人の権利を侵害」すれば，民事上，違法な行為として，裁判所を通じて損害賠償請求さ

れますし，違法な行為をやめるよう請求されることもあります。

　「犯罪」ではないのであれば，警察は出てきてくれませんが，私たちは，裁判所を通して，自らトラブルを公平に解決することができるわけです。

✒️トピック 6.2__　刑事では無罪，民事では不法行為！？

　2015年，ジャーナリストの女性が，就職先の紹介を求めて，元テレビ局記者の男性と食事をし，その後，ホテルの部屋で，酒に酔って意識のない状態で性行為をされたと主張した事件がありました。

　女性は，被害について告訴しましたが，検察庁は嫌疑不十分だとして，刑事事件として裁判にかけないこと（不起訴）にしました。その後，女性は検察審査会（検察官の不起訴について，国民が良し悪しを審査するもの）に不服を申し立てましたが，検察審査会も不起訴が相当と議決しました。検察による再捜査の可能性がないとはいえないものの，現状では，男性は罪に問われていません。

　一方，女性は，男性を相手取り，不法行為に基づく損害賠償請求訴訟も起こしました。この民事訴訟において，裁判所は「同意がないのに性行為を行ったと認めるのが相当だ」と指摘し，女性の訴えを認め，330万円余りの損害賠償金の支払いを命じました。最高裁への上告は退けられ，この判決は確定しています。

　『真実は1つなのに，刑事では無罪で，民事では不法行為になるなんて，おかしい！』と感じる読者も少なくないでしょう。しかし，本件のように，刑事と民事で結論が異なることはよくあります。

　第5章でご紹介したように，刑事裁判で有罪とされるには，犯罪の成立を認めるだけの証拠が必要です。罪を犯したかもしれない「疑い」があったとしても，「この人（容疑者）がこの罪を犯した」と認められるだけの十分な証拠がなければ有罪にすることができません。そこで，検察官も，犯罪の疑いはあるけれど，犯罪の成立を認定すべき証拠が不十分なときは『嫌疑不十分』として不起訴にします。本件は，男女二人きりの密室で起きた出来事である上，告訴までに日にちが空いており，当時，女性がどの程度酔っていたのか，アルコール以外の薬物などの影響があったのか，……などを示す証拠を集めることができなかったのでしょう。

　罪として国家が罰を科す刑事と，お金で当事者同士のトラブル解決を目指す民事では，立証（証拠によって事実を証明すること）のレベルが異なります。民事の場合，両者の言い分について，内容やほかの証拠との整合性……などを総合的にみて信用性を評価しながら，事実を認定していきます。本件では，女性の供述は具体的で一貫している一方，男性は証拠のメールと矛盾する証言をしているなどの事情があり，「同意のない性行為があった」と認定されました。

違法に集めた証拠を裁判で使えるか？についても，刑事と民事では，差があります。

刑事訴訟では，捜査機関による証拠収集の手続に重大な違法があり，将来の違法な捜査を抑制するために証拠として許すべきではないと認められると，その違法に収集された証拠は使えません。これを，「違法収集証拠排除法則」と言います。そのため，たとえば，尿検査で覚せい剤の陽性反応が出て起訴されたとしても，強制採尿の手続に重大な違法があったと認められれば，尿の鑑定結果が証拠として使えなくなり，被告人が無罪になる場合があります。

一方，民事訴訟では，「著しく反社会的な手段」で収集したものでない限り証拠として認められます。そのため，たとえば，相手に無断で録音することはプライバシーの侵害に当たり，違法となる可能性がありますが，いざ裁判になれば，無断録音によって手に入れた音声データは，証拠として採用されるのが一般的です。

▶§3 ＿ 私的自治の原則——「契約自由の原則」と「過失責任の原則」

さて，刑事と民事の違いについて理解が深まってきたところで，民事法の原則の１つ，「私的自治の原則」に話を戻しましょう。市民同士の関係は，私たち，一人一人の自由な意思が尊重されます。それが「私的自治の原則」でした。

そこから，さらに２つの原則が導かれます。「契約自由の原則」と「過失責任の原則」です。

▶▶1＿「契約自由の原則」とは

【1】　総説

実は，「契約自由の原則」と「私的自治の原則」はほぼ同じ意味で使われることが多いのです。すなわち，「契約自由の原則」というのは，▶§1▶▶2で触れたように，国から干渉されずに，自由に契約を締結できるという原則になります。

具体的には，①誰と，②どんな方法で，③どんな内容の，④契約を結ぶか結ばないかは，個人の自由に委ねられている……という原則です（民法521条・

522条）。

　契約において，個人の自由意思を重んじるということは，「契約は自由意思に基づかなければならない」ということも意味します。すなわち，自由な意思決定を邪魔されて，契約させられたような場合には，救済されなければなりません。たとえば，だまされたり，脅されたりして，結んでしまった契約は，自由な意思で契約したとはいえないので，後から取り消せるルールになっています（民法96条）。

【２】　勘違いして結んだ契約は取り消せる？

　では，勘違いして契約してしまった場合はどうでしょうか。

♥「話十両」

　昔，ある村に，若夫婦とお婆さんが暮らしていました。何も不自由はありませんでしたが，亭主は急に江戸へ出稼ぎに行きたくなって，出発しました。

　江戸に着いた亭主は一生懸命に働き，数年間で三十両の貯金ができました。ある時，亭主はふと実家に帰りたくなりました。実家にお土産を買って帰ろうと思い，街中をうろついていると「話十両」とかかれた看板が目に付きました。

　亭主はさっそく十両払って，話を一つ買う事にしました。店主は「大木の下に寄ってはいけない」と話しました。あまりの短さにもう一つ話を買いました。「猫なで声には油断するな」

　これまた短い話でしたのでもう一つ話を買ってみましたが，それは「短気は損気」という最も短い内容でした。これで三話で計三十両，ためたお金はすっからかんになり，亭主はトボトボと実家への帰路につきました。〔後略〕

（杉原丈夫，石崎直義「話十両」まんが日本昔話あらすじ，2013年より，
http://nihon.syoukoukai.com/modules/stories/index.php?lid=227
2023-04-21閲覧）

　……と物語は，この後も続くのですが，いったん，ここでお話を売り買いするという，ちょっと珍しい売買契約について考えてみましょう。

　男は「面白い話が聞ける」と思って，話を10両で買うことにしました。しかし，実際に聞かされた話は，全く面白くなく，とても短いものでした。話を聞かされた時点では，男はがっかりし，10両に見合わないものを間違えて買って

しまった……と感じています。

　現実社会でも，価値があると思ってお金を出して買ったのに，実は思っていた通りの価値がなくてがっかりすることはあるでしょう。そういうとき,「思っていたものと違っていたのだから，自由な意思で契約したとはいえないじゃないか。契約を解消したい！」と思うかもしれません。この主張は通るのでしょうか。

　実は，この疑問は，法律を読むと解消します。民法95条をよく読むと，契約の動機，つまり，今回で言えば，男がなぜお話を買おうと思ったのかについて，店主に表示していれば，その点について勘違いがあった場合に，売買契約を取り消しうる，ということが書かれています。

　男が心の中で「面白い話が聞けるのだろうな」と思っているだけでは，店主には男の動機がわかりません。だから，話をした後になって，男から「つまらなかったから取り消す。お金を返してくれ」と言われても困ってしまうでしょう。物語の中で，男は，「聞きごたえのある面白い話を買う」とは言っていませんし，短い話を一度された後も，もしかすると，ほかのお話も短い可能性が十分あるのに，さらに2回，お話の売買契約に応じており，後から契約を取り消すことはできないといえそうです。

【3】　契約自由の原則の中身とは？

　では，「契約自由の原則」の中身を，より詳しくみていきましょう。

　「契約自由の原則」は，①誰と，②どんな方法で，③どんな内容の，④契約を結ぶか結ばないかは,個人の自由に委ねられている……という原則でした（民法521条・522条）。

　「契約自由の原則」の中に，「どんな方法で契約するか」についても自由だというのが入っています。これはどういうことでしょうか。

　「契約」と聞いて，その言葉の重みから，書面を交わし，印鑑を押して……という場合にしか成立しないものと考える人も少なくありません。いわゆる口約束,「明日，パソコンあげるね」「ありがとう」といった程度の約束は,「契約」ではないと考えられがちです。

　しかし，民法では，「契約の成立には，法令に特別の定めがある場合を除き，書面の作成その他の方式を具備することを要しない」と定められています（民

法522条2項）。口約束であったとしても，当事者には「これを購入できるんだ」とか「代金を支払ってもらえるんだ」とか，法的に守ってあげるべき期待が生じるでしょうから，このようなルールになっているわけです（🔥トピック6.1参照）。

では，契約書なんて必要ないのか？というと，そうでもありません。口約束の場合，相手が「そんなこと言っていないよ」とか「え，そういう意味で言ったわけじゃないよ」とか，後から言われてしまうと，「言った」「言わない」の水掛け論になってしまうことも多いです。契約書があれば，契約の存在も内容も，契約書をみればはっきりしますから，トラブルを未然に防ぐことができます。もし，争いになった場合も，契約書が証拠となり，スムーズに解決することができます。ですから，大きな契約，たとえば，家を買う，などというときは，必ず契約書がつくられます。

また，「契約自由の原則」によると，「どんな内容の契約をするか」も当事者の自由とのこと。

でも，よく法律をみてみると……，「契約の当事者は，『法令の制限内において』，契約の内容を自由に決定することができる」（民法521条2項）とあります。いくら当事者が自由に決められるといっても，「強行規定」つまり，当事者が勝手に変えられない法律の定めに反する契約は許されないということです。

また，民法90条は，「公の秩序または善良の風俗に反する法律行為は，無効とする」と定めています。「公の秩序または善良の風俗」というのを一言で，「公序良俗」などというのですが，常識的に考えて，反社会的だったり，道徳に反したりする契約は許されませんよ，ということです。

【4】　公序良俗に反する契約とは？――物語「美女と野獣」から考える

それでは，公序良俗に反する契約とは，どんなものでしょうか。物語「美女と野獣」をもとに考えてみます。

◆「美女と野獣」

むかし，〔中略〕商人がおりました。商人は，息子三人，娘三人の六人の子持でした。〔中略〕末娘は姉さんたちよりも器量もよくそのうえ，二人よりずっと気立てのよい

娘でした。

〔中略〕二人の姉さんは，〔中略〕お父さんが出かける用意をしているのを見ると，帰りにはドレスやら毛皮のえりまきやら〔中略〕おみやげに買ってきてくれとお父さんに頼むのでした。〔中略〕

「おまえは何か買ってきてくれと言って，わしにおねだりしないのかね？」

とお父さんがベルに言いました。

「あたくしのことまで考えてくださるなんて，ほんとうにご親切ですのね」とベルが言いました。「それでしたら，あたくしにバラを一本おみやげに持ってきてください。」

〔中略〕森の中ですっかり道に迷ってしまいました。〔中略〕商人が空腹と寒さのために，もう死んでしまうのではないかと思ったとき，〔中略〕その灯は，〔中略〕広い宮殿からもれてくるのがわかりました。〔中略〕驚いたことに，このお城の中庭には，人っ子ひとり見当たりませんでした。

〔中略〕商人は〔中略〕ベルが自分にバラが一本欲しいとおねだりしたのを思い出して，いくつか花をつけている木をえらんで，その一枝を折ってとりました。

するとそのとたんに，ものすごい音が鳴りひびいて，おそろしい顔付きをした野獣が彼のほうへ近づいてきたので，〔中略〕びっくりしてしまいました。

「〔中略〕おまえときたら，わたしがこの世でなによりも大切にしているわたしのバラを盗んで，わたしを悲しませるようなことをするんだからな！〔中略〕おまえの娘のうちだれかひとりが，おまえの代わりに喜んでここへ来て死ぬ，というんなら，おまえを許してやってもいいぞ。〔中略〕」

〔中略〕「お父さま，安心なさって」とベルが言いました。「あたくしを連れないで，お父さまひとりでその宮殿へ行くなんてことぜったいありませんわ」

〔中略〕商人は泣きながら，哀れな娘に「さようなら」を言って別れを告げました。〔中略〕かわいい娘と別れなければならない時になると，どうしても大きな声をあげて泣き出さずにはいられない始末でした。〔後略〕

（ボーモン夫人，鈴木豊訳『美女と野獣』角川文庫，1971年〔引用は2018年版より〕，p.5～32）

……と，物語はこの後も続いていきますが，ここで野獣と父親がした約束について考えてみます。野獣は，「バラのことを許してほしければ娘を差し出せ」といい，父親は実際にベルを差し出しています。

これは，結局のところ，「人身売買」のようなものですね。現実社会で，人を差し出させる……という契約がなされたとしたら，公序良俗違反で無効とな

ります。

　ただし，「美女と野獣」の物語のストーリーは，この後，良い方向に進んでいきます。

　最初は，野獣を怖がっていたベルでしたが，そのうち，野獣のやさしさに気づきます。ある日，ベルは，ベルがそばにいなくなった悲しみで父親が病気になってしまったことを知り，野獣にそのことを告げ，お見舞いに行くことにしました。野獣とは，必ず帰るという約束をしていましたが，姉たちに引き留められて，なかなか野獣のいるお城へ戻れません。

　ベルは，今度は野獣が倒れている夢をみて，「早く帰らなければ」と慌ててお城に戻りました。戻ってみると，野獣は意識を失って倒れていました。ベルが運河の水を野獣の頭へ注ぎかけ，野獣と結婚することを誓った途端，野獣は立派な王子様に変わり，2人は結婚して幸せに暮らしました。

　……ということです。

　物語の中では，ベルを野獣に引き渡す約束は守られ，それがきっかけでベルと野獣は心を通わせるようになっていきます。

　でも，現実社会では，人身売買，奴隷契約……など，人権を侵害するような内容の契約は無効になります。無効というのは，お父さんが約束を破り，ベルを引き渡さなかったとしても，野獣は裁判所に訴えて「ベルを引き渡せ」という判決をもらうことはできないというとです。逆にお父さんは，バラを盗んだことを野獣に許してもらうことはできず，たとえば，損害賠償金としてバラ1本分のお金を野獣に支払うなどする必要があるということになります。

✍トピック6.3＿　民法の一般条項

　法律には，一般条項（基本理念）が定められるのが一般的です。民事法の中心である民法にも，「信義則」や「権利濫用（の禁止）」などの一般条項が定められています。「美女と野獣」のお話を通してお伝えした「公序良俗」も一般条項になります。

一般条項は，個別の規定を適用すると常識的におかしなことになってしまう……というときに，常識にかなった解決を図るため，個別の規定を修正したり，補ったりする役割があります。

　「信義則」について，民法2条2項は「権利の行使及び義務の履行は，信義に従い誠実に行わなければならない」と定めています。信義則とは，一般に相手から期待される信頼を裏切らず，誠意をもって行動すべきという原則です。

　「権利濫用」について，民法2条3項は「権利の濫用は，これを許さない」と定めています。たとえば，こんな事案があります。Aさんが所有するほんのわずかな土地（2坪程度）の上に，温泉の引湯管が通っており，Aさんは所有権に基づき，引湯管の撤去を求め，また，引湯管が通っている部分の土地を使用したいのならば，法外な高値で土地を買い取るよう求めました。裁判所は，Aさんの主張を「権利の濫用」として認めませんでした。Aさんは強い権利といわれる所有権（→第**1**章§**2**▶▶3参照）を持っているため，本来であれば，無断で土地上に存在する引湯管の撤去を求めることができます。しかし，本件において，引湯管の撤去は著しく困難であり，Aさんの主張を認めるとかなりの不利益が予想される一方，Aさんの主張が認められなくてもAさんの被害は小さいこと，Aさんの要求は，法外な値段で土地の買取りを求めるなど，不当な利益を手に入れようとしていること……などが考慮され，「権利濫用」にあたるとされたのです。

▶▶2＿「契約自由の原則」の例外

　「契約自由の原則」は，市民の自由な意思決定に委ねるというものですが，それは，対等な市民を想定しています。

　でも，社会には実質的に強い力を持つ者とそうでない者がいます。たとえば，雇う側と雇われる側。ほかにも，大々的に商品をつくっている企業と，私たち一人ひとりの消費者。比べてみると，持っている情報量も，交渉する力も，同じではないことに気づきますね。

　「契約自由の原則」があるから，すべて当事者の自由な意思決定に委ねます，としたらどうなるでしょう。力の強い者は，自分たちだけが知っている情報，そして，巧みな交渉技術で，自分たちに有利な契約内容にしようとしてくるかもしれません。弱い者は，それに気づくことさえできず，いつもいつも損をするかもしれません。

　そういうことがないように，「契約自由の原則」はいろんな法律によって修

正されています。

　たとえば、「労働者に長時間労働させてはいけません」（労働基準法）とか「最低でも、時給はこれだけ支払わないといけません」（最低賃金法）とか、法律が定めてくれていて、こうした規定は当事者が勝手に変えることのできない「強行規定」となっています。このように、法律が当事者同士の契約内容に縛りをかけることで、労働者を守っているわけです。

　ほかにも、訪問販売の人にのせられて、高額の宝石を買ってしまったけれど、よく考えるといらなかった……というような場合に、消費者が一定期間（8日間）内なら契約を解消できる制度も法律（消費者契約法）が定めてくれています。本来なら、売買契約をする時点で、自由な意思があるのだから、あとから契約をなかったことにするのは許されないのですが、不当な勧誘がなされたり、不当な契約条項が小さな字で書かれていて後からそれに気づいたり……ということもあるので、こういう制度が定められたわけです。この制度を「クーリング・オフ」といいます。聞いたことがある人も多いのではないでしょうか。

　①誰と、②どんな方法で、④契約を結ぶか結ばないかについても、それぞれ例外があります。

　たとえば、①誰と契約するのも自由とはいっても、水道事業を営む者が、Aさんとは契約するけれど、Bさんは気に食わないから契約しません、なんてことができてしまうと困りますね。水はみんな必要ですから、「誰と契約するもしないも自由だ」というわけにはいきません。そこで、水道法では、「正当の理由がなければ給水契約の申込みを拒んではならない」（水道法15条1項）としています。

　②また、「保証契約は、書面でしなければ、その効力を生じない」（民法446条2項）など、方法についても例外が定められています。

　皆さんも、「保証人」という言葉を聞いたことはあるでしょう。「泣いて頼まれたから、借金の保証人になってしまったけれど、お金を借りていた人が夜逃げして、自分が支払わなければいけなくなった」などという話をドラマなどでみたことがある人もいるのではないでしょうか。「保証」というのは、わかりやすくいえば、お金を借りた人が返せなくなったときに、代わりに返す義務を負うという契約です。自分が借りたわけでもないお金を返さなければならなく

なるわけですから，保証人になる人にとってかなり不利な契約ですね。それで
も，「普段からよくしてもらっているから……」などと断りづらく感じて，「ま
あ，この人なら，ちゃんと自分で返してくれるだろう」と思い，気軽に応じて
しまって，あとから大変な不利益を被る人がたくさんいました。

　そこで，保証人となる人にきちんと考えてもらい，慎重に契約するか否か決
めてもらうために，書面をつくらなければ効力を生じない，と定めたわけです。

　④そして，契約を締結するかしないか自由，といいながら，たとえば，
NHKの受信契約は締結しなければならないと，法律で定められています（放送
法64条1項）。テレビなどNHKの放送を受信できる機械を設置した人は，受信
契約を結ぶ義務が発生します。これは，NHKが公共放送として，視聴率にと
らわれずに公正で必要な放送を流すためです。

　民放は，スポンサーが支払う広告料を主な財源として運営しています。スポ
ンサーとなる企業は，多くの消費者にみてもらい，自社の宣伝をしたいわけで
すから，視聴率のいい番組を求めますし，そのため，民放も視聴率を気にして
番組作りをします。

　一方，公共放送であるNHKは，受信機を設置しているすべての人に受診料
を公平に負担してもらって，運営するためのお金を集めることで，公共放送と
しての役割を果たすことができると考えられており，法律もそのような仕組み
になっているわけです。

▶▶3＿「過失責任の原則」とは

【1】　総説

　「私的自治の原則」から導かれる，もう1つの原則は「過失責任の原則」です。

　個人の自由な意思を重んじるということは，自由な意思に基づいて起こして
しまったトラブルについては責任を負うということ。逆に，自由な意思に基づ
いていない行為，たとえば，「まさか，そんなことになるなんて！予想するこ
ともできなかった」「どう考えても，避けることは不可能だった……」という
ようなケースでは責任を負わなくて済むことになっています。それを，「過失
責任の原則」と呼んでいます。

　社会生活を営んでいれば，十分，注意を払って生活していても，相手に損害

を与えてしまうことがあります。できる限り気をつけていたのに，その責任をとらなければならないとすると，みんな，自由に行動しにくくなってしまいますね。自由な意思決定を守るために，「注意を払って行動していれば，原則，法的な責任を負いません」という「過失責任の原則」が導かれるのです。

では，どういう場合に「過失」つまり，「不注意」があったと認められるのでしょう？

たとえば，自動車を運転していて，死角になっているところから，子どもが急に飛び出してきて，ひいてしまった場合，運転者には過失があるのでしょうか。「子どもが急に飛び出してくるなんて，思わなかった」「あまりに急なことだったので，よけることは不可能だった」として，過失なし，損害賠償を支払わなくてよい，という結論になるのでしょうか。

実際には，車の運転者の過失がゼロになることはなく，事故状況にもよりますが，運転者は事故全体の8割ほどの過失を認められることが多いといえます。自動車事故で，人を傷つけた場合は，必ず責任を負わされると考えてよいでしょう。

交通事故以外でも，さまざまな場面で，過失が問題になります。1つ，職場内で起こったケースをご紹介しましょう。

同じ職場で働くAさんとBさんの折り合いが悪く，話合いによって解決を図ろうとしていた時期に，上司のCさんがAさんに，ボーナスの明細書を渡しました。ボーナスの明細書の裏には，Cさんの手書きで「不要では？」と書かれた付箋がくっついていました。Cさんは，ほかの仕事のメモがたまたまAさんのボーナスの明細書にくっついてしまったのだと主張しましたが，Aさんはそれをみて，「私は職場に不要な人間なんだ」と受け止め，ショックを受け，慰謝料の支払いを求めて裁判を起こしたというケースです。

裁判所は，Cさんはわざと「不要では？」と書かれた付箋をくっつけたわけではないものの，Aさんからすればショックを受けるものであり，Cさんの行為はいかにも軽率で過失による許されない行為だ，と判断しています。もちろん，悪気があってしたことではなく，過失ですから，慰謝料の金額は1万円と低く抑えられています（高松高裁平成18（2006）年5月18日判決）。

このように，個人の自由な意思決定を守る「過失責任の原則」ですが，皆さ

んが想像している以上に「過失」の範囲は広く捉えられているといえるでしょう。

【2】 「過失責任の原則」の例外

「過失責任の原則」にも例外があり，「無過失」でも責任を負わなければならない場合が法律で定められています。

十分注意していたのに，責任をとらされるなんて，かわいそうだ……と思う人もいるでしょう。しかし，大企業が十分注意してつくった商品に，思いもしない欠陥があり，それを使った人が死んでしまったとしましょう。大企業が責任をとることが公平と感じませんか。

大企業は，商品をつくってたくさん利益を得ています。利益を得るための活動によって損害が発生したのなら，その損害についても責任を負い，利益の中から賠償すべきとも思えます。そこで，「製造物責任法」という法律は，「無過失責任主義」を採用しています。

また，原子力事業など，それ自体が一定の危険性をはらんだ活動をしている場合，その危険が現実化したときには，無過失で責任をとってもらうべきという考え方もあります。そこで，たとえば「原子力損害賠償法」では，「無過失責任主義」が採用され，例外として，異常に巨大な地震などによって損害が生じたときのみ，「無過失責任」を適用しないこととしています。

第7章

家族間のトラブルはどうしたらいいのでしょうか？
——家族のあり方を定める民法（家族法）を学ぶ

　前章・第**6**章では，民法のうち主に財産法（物権法，債権法）と呼ばれる分野を念頭に学びましたが，民法には，もう1つ家族法（親族法・相続法）と呼ばれる分野があります。第**7**章では，この家族法を学ぶことにしましょう。

▶§**1**　「法は家庭に入らず」とは，ほんとうだろうか？

▶▶1　法は家庭に入らず！？

【1】　家族にトラブルが起きたら？

　法律は，社会がめちゃくちゃにならないために必要なものでした。人は一人では生きていけず，社会をつくって，共に生きています。大勢の人が暮らす社会で，みんなが秩序を保ち，トラブルなく生きていくために，法律というルールは欠かせないものです。

　広い社会の中で，私たちにとって最も身近な人間関係は，家族でしょう。家族との関係は当たり前すぎて，法律とは無縁と感じる人もいるかと思います。

　実際，家庭内でトラブルが起こったとき，私たちは，法に頼って解決しているでしょうか。夫婦げんかや親子げんかなどは，ほとんどの家庭で経験があると思いますが，そのたびに，「訴えてやる」とか「警察に相談してやる」とか，なかなか，そうはなりませんよね。通常，家族の問題は，家族で話し合って解決するものです。

【2】　親密な場でのトラブルという特殊性？

　こうした私たちの感覚は，「法は家庭に入らず」という法諺（法のことわざ）にも表れています。

「法は家庭に入らず」とは，家庭内のトラブルについては，法が関与せず，自分たちで解決するべきであるという考え方です。

　日本では，「離婚」は当事者の合意があれば，離婚届を出すだけでできてしまいます。裁判所などの国の関与がいらない仕組みになっているわけです。これも，「法は家庭に入らず」の１つの現れといえるでしょう。

　また，家族の中で起こる一定の犯罪は，刑が免除されることになっています。とある一家を例に挙げて説明しますと，妻の花子さんが，夫の太郎さんや，実の父親，母親などのお金をこっそり盗んでも，窃盗罪の刑は免除されます(刑法244条)。

　びっくりする人も多いと思いますが，家庭内での金銭トラブルは，警察が出てきて国が「犯罪」として解決するよりも，家庭内で話し合って解決するほうが良いという考え方から，このような制度になっています。

　でも，もちろん，殺人とか強盗とか，重大な犯罪については，家庭内で起こったことであっても，警察が捜査し，刑事裁判にかけられ，刑事責任を問われることになります。家族は緊密な人間関係だからこそ，こじれてしまうと，憎しみが爆発してしまうことも少なくありません。殺人事件の多くは見ず知らずの人同士ではなく，家族間で起こっており，夫婦間，親子間での殺人事件はよくニュースで報じられています。

　先ほどの花子さん一家の例ですが，花子さんが，こっそり太郎さんのお財布からお金をとった（窃盗）場合には，太郎さんが警察に相談しても，「家族で解決してくださいね」といわれます。しかし，花子さんが太郎さんにナイフを突き付け「金を出せ」とやったら（強盗），警察が介入してくることになります。どうでしょう，納得できるでしょうか。

▶▶2＿法が家庭に介入すべき場合とは？

【1】　家庭内（親密圏）での虐待・暴力はみえにくい？

　さて，ここで，こんな疑問を抱く読者がいるかもしれません。「法は家庭に入らず」というけれど，家庭内（親密圏）の密室で起こる子どもへの虐待とか，夫が妻に暴力をふるうDVとか，そういうものも国家の介入なく，自分たちで解決しなければいけないの？……という疑問です（なお，DVとは，ドメスティック・バイオレンス〈Domestic Violence〉の略で，一般的に家庭〔親密圏〕内暴力を指す）。

全部，家庭で解決しなければならないとすると，被害者を守ることができません。そこで，「児童虐待防止法」や「DV防止法」といった法律が制定されました。「児童虐待防止法」は，「誰であっても，児童に対し虐待をしてはいけない」ことを明記し，国や自治体に対し，児童虐待の予防や早期発見，迅速な保護，自立の支援，親子の再統合の促進などのために必要な体制を整備することを求めています。「DV防止法」は，配偶者やパートナーからの暴力を「犯罪となる行為をも含む重大な人権侵害」と定め，被害者支援のためのさまざまな仕組みを規定しています。たとえば，配偶者やパートナーから暴力を受けた被害者が，生命や身体に重大な危害を受けるおそれが大きい場合に，裁判所が接近禁止命令などを出せる仕組みも定められています。

　児童虐待やDVといったトラブルについては，このように法が家庭の問題に積極的にかかわっていくことになります。

【2】　家族の基本ルールを定めている民法

　また，家族のことについて，法が一切定めていないのかというと，そうではありません。

　民法は「親族」や「相続」といった，家族に関する基本的なルール（家族法）を定めています。

　「結婚」はどうやってするのか，「結婚」して夫婦になると何が変わるのか，どういうときに「離婚」できるのか，「親」は誰なのか，親は子に，子は親に，何をしなければならないのか，そもそも「家族」や「親戚」などいろいろな言い方がなされるけれど，どこまでの範囲なのか……など。

　家族法は，家族間のもめごとを予防する指針にもなり，もめごとが起こったときの指針にもなります。

　本章では，こうした家族に関するルールの主なものを紹介しようと思います。

▶ §2 __「結婚」（婚姻）について知ろう──家族に関する基本ルール①

▶▶1__どうすれば「結婚」できるの？

【1】　結婚相手の条件

「どうすれば結婚できるのか？」と聞かれれば，「それは，まず相手を探さなくちゃ」とか「婚活すればいい縁がみつかるかも」とかいう答えが返ってきそうですね。

まさにその通りで，結婚は，異性の相手がいなければできません。憲法24条は，「婚姻は，両性の合意のみに基づいて成立」と定めており，異性の2人ですることを前提にしています（なお，「結婚」のことを，法律上は「婚姻」と呼びます）。

性的少数者の人権を守る必要があると，広く社会が認識するようになって，地方自治体によっては，「同性パートナーシップ証明制度」といったものをつくっているところもあります。この制度を初めて取り入れたのは，東京都渋谷区で，2015年10月のことです。その翌月には，東京都世田谷区が導入し，その後も導入する自治体は増え続け，2021年4月時点で，100自治体になりました。

「同性パートナーシップ証明制度」は，自治体が独自に，同性同士のパートナーシップを法律上の「婚姻」と同等のものと認め，証明書を発行するという制度です。ただし，これには法的な意味はなく，今はまだ，同性同士で法的な「婚姻」をすることはできません。

☕パウゼ 7.1＿ 同性婚についてどう考えるか？

同性同士の結婚やそれに準じる制度を認めていないのは，G7（先進7か国：アメリカ，イギリス，ドイツ，フランス，イタリア，カナダ，日本）の中で日本だけ。同性婚の合法化へと進む国や地域は増加傾向にあります。

そんな中，日本でも同性婚を認めてほしいと，各地で裁判が起こされました。裁判を起こした人たちは，「同性婚を認めないのは，憲法が保障している『法の下の平等』や『婚姻の自由』に反する」などと主張しています。

これら一連の訴訟の中で，最初に判決を出したのが2021年3月の札幌地方裁判所であり，異性間の婚姻のみを認める民法や戸籍法の規定は，憲法14条1項（法の下の平等）に違反すると判断し，注目を集めました。一方，2022年6月，大阪地方裁判所は憲法には違反しないと判断し，司法判断が分かれました。3件目となる東京地方裁判所は，2022年11月，同性カップルが家族になる制度がない現状は，憲法24条2項（婚姻や家族に関する事項は「個人の尊厳と両性の本質的平等に立脚して定めなければならない」とする定め）に違反する「違憲状態」と判断した一方，具体的な制度づくりは国会の立法裁量に委ねられるため，「違憲」と断ずることは

できないとしました。

　続く名古屋地方裁判所は「違憲」，福岡地方裁判所は「違憲状態」と判断しました。地方裁判所の判断は出そろいましたが，今後，上訴され，最終的には，憲法違反なのかどうか，最高裁判所の判断を待つことになるでしょう。

　憲法違反かどうかとは別に，国民が同性婚について考え，議論することは大切です。結婚という制度をどういうものにするかは，選挙で選ばれた国民の代表が集まる立法府で決めること。時代の変化や国民感情，伝統，などさまざまなことを踏まえ，これからの結婚制度はどうあるべきなのか，「自分事」として考えてみましょう。

【2】　婚姻の意思＋婚姻届けの提出＝結婚

　さて，それでは，晴れて結婚したいと思い合える相手がみつかったとしましょう。

　それぞれのカップルがさまざまな経緯をたどって，結婚に至るわけですが，ここでも前章で紹介した「自由な意思」が重要になります。どのカップルであっても，結婚するには，双方が「夫婦になろう」という意思を持っていることが必要です。

　実は人違いだったとか，外国人に在留資格を得させるために結婚したとか，そういったケースでは，「この人と夫婦になろう」という意思がないので，婚姻届を提出したとしても，無効になります（民法742条）。

　二人が「夫婦になろう」という意思をもって，婚姻届を出して，晴れて法律上，結婚できるわけです。

✍️トピック7.1＿　婚姻届を出さない「事実婚」──「結婚」と「同棲」はどう違う？

　「事実婚」とは，婚姻届を提出せずに，双方が婚姻の意思を持ち，社会生活上，夫婦同然の生活を送る関係のことです。「法律婚（結婚）」が婚姻届を提出して，法律上の婚姻関係になる（民法739条）のに対し，事実婚は婚姻届を提出していないため，法律上の夫婦にならないところに違いがあります。

　事実婚であっても，法律婚に準じるものとして，法的に保護されるものもあります。たとえば，事実婚のパートナーであっても，健康保険の被扶養者になることができますし，要件を満たせば遺族年金も受け取ることができます。

　しかし，事実婚は，法律婚とは異なり，パートナーが亡くなっても法定相続

人にはなれません。遺言をすることによって，パートナーに財産を残すことはできますが，その場合でも相続税の関係で不利になるといったデメリットもあります。そのほか，さまざまな手続で，事実婚であることを証明する手間がかかったり，所得税の配偶者控除・配偶者特別控除を受けられなかったりするなど，法律婚と異なる点もいろいろとあります。

中でも，大きな違いとして，事実婚の夫婦の間に子どもが生まれた場合，戸籍の父親欄が空欄になり，法的な父子関係を生じさせるためには「認知」が必要となることが挙げられます（→後述▶§4参照）。

一方，「同棲」は，婚姻の意思を持たずに，一時的に共同生活を送るケースも含みます。つまり，婚姻の意思の有無が，事実婚との違いになります。

【3】 重婚

では，「結婚しよう」と約束した相手が，実は別の誰かとすでに結婚していたらどうでしょうか？

日本では，「配偶者のある者は，重ねて婚姻をすることができない」（民法732条）とされています。したがって，既婚者と結婚してしまったら，原則，取り消すことになります（民法744条）。

ここで1つ，物語を使って具体的に考えてみましょう。

♥ 「絵姿女房」（あらすじ）

兵六という男には，美しく気立てのいい妻がいました。

兵六は妻があまりにも美しいので，その顔にずっと見とれてばかり。結婚してからというもの，仕事もまともにできないありさまでした。それに困った妻は，自分の絵姿を兵六に持たせて仕事に行かせることにしました。

ある時，大事な絵姿が風に煽られて飛んでいってしまい，お城に住む殿様のもとへ。殿様はひと目で彼女を気に入り，家来にこの女性を探して連れてくるように言いつけました。自分の妻にするためです。

そうして見つかった兵六のお嫁さんは，家来に連れて行かれることになってしまいました。お嫁さんは「桃の種」を兵六に渡して，「三年経ったら実がなります。必ずお城に売りに来てください」と泣きながら言い残して連れて行かれました。兵六は，妻の言い残した通り，桃の種を植えて三年間育て上げ，桃をお城に売りに行くことにしました。

一方，お城では，妻がこの三年間全く笑わないので殿様は困っていました。そこへ

兵六の桃売りの声が聞こえてきました。兵六の声を聞いた妻は嬉しそうに笑い出しました。それを見た殿様は嬉しくなって兵六を城にあげ，「もう一度桃を売ってみせよ」と命じました。妻は兵六の姿を見てまた嬉しそうに笑い，殿様はとても喜び，今度は自分が妻を笑わそうと，兵六と着物を交換しようと言いました。

　桃売りの姿になった殿様は，妻が笑ってくれるのを見ながらはしゃぐうちに，そのままの格好で城の外まで出てしまいました。そうとは知らない門番は，桃売りが帰ったのだと思って門を閉めてしまいました。こうして，兵六は美しい妻とともに殿様として，幸せに暮らしたということです。

　まず，殿様は，美しく気立ての良い妻と無理やり結婚していますが，この妻は殿様と結婚する意思がないともいえそうです。相手が殿様だから，仕方なく連れていかれたが，本当は，殿様と結婚する意思などなく，兵六との再会を計画していた……のだとすると，そもそもこの結婚は無効になりそうです。

　仮に，美しい妻と殿様双方が，結婚する意思を持っていたとしても，美しい妻は，すでに兵六と婚姻関係にあったのだから，殿様との結婚は重婚になります。ですから，殿様と美しい妻との結婚は，法律上，取り消せるということです。兵六は，殿様と美しい妻との結婚を取り消すよう，家庭裁判所に請求できます。

> ### 🖋トピック 7.2＿　婚姻の無効・取消し
>
> 　一度，籍を入れてしまうと，離婚しない限り，婚姻関係を解消できないのが原則です。
>
> 　ただし，例外的に，婚姻を取り消せる場合があります。それは，①婚姻適齢（18歳以上）でなかったとき，②『絵姿女房』を通してご紹介したような，重婚関係にあったとき，③近親者間の結婚であったとき，④詐欺または強迫によって婚姻したとき……などになります（民法744条，747条）。
>
> 　また，本文でもご紹介したように，人違いで籍を入れてしまったような場合は，婚姻の意思がなく，婚姻は無効になります。
>
> 　「取消し」と「無効」……どう違うのかというと，取り消された婚姻は，将来に向かって効力を失うことになり（民法748条），無効の場合は，最初から婚姻の効力がなかったことになります。

▶▶2＿「結婚」すると何が変わるの？

結婚すると，法律上，いろいろと変わることがあります。

たとえば，夫婦になったら，同居して互いに協力し，助け合う義務が生じます（民法751条）。同居する義務といっても，絶対のものではありません。単身赴任のケースなど，夫婦によって事情はさまざまなので，話し合って別に生活することは当然認められます。

ほかにも，夫婦になると，夫婦の一方が亡くなったときに，もう一方が必ず相続人となったり（民法890条），日用品の購入などについて夫婦で連帯して責任を負うことになったり（民法761条）します。

【1】 夫婦の苗字（姓）についてどう考える？

そして，「結婚して変わるもの」といえば，特に女性の場合，苗字（姓）を思い浮かべる人が多いのではないでしょうか。民法750条は，「夫婦は，婚姻の際に定めるところに従い，夫または妻の氏を称する」と定めており，結婚するには，必ず，夫か妻，いずれかの姓を選ばなければなりません。夫も妻も両方が姓を変えることなく，結婚することはできないということです。そして，日本社会では，妻となる女性が，夫となる男性の姓に変えるケースが約96％と圧倒的に多いのが現実です。

今の制度は，姓を変えることを好意的にとらえている人たちにとって何ら問題ないものですが，姓を変えることに抵抗がある人たちにとっては，大問題となっています。中には，「夫婦どちらも姓を変えたくないから」という理由で，婚姻届を出さないカップルや，「どちらの姓と選ぶのが嫌だから」という理由で，数年おきに結婚と離婚を繰り返しているカップルもいるくらいです。

夫婦，どちらかが必ず姓を変えなければならないとしても，姓を変えた側が，社会で旧姓を通称として使えば問題ないのではないか，と考える人もいるかもしれません。後でまた触れますが，裁判所も，「通称使用が広まれば，姓を変えることによって受ける不利益は一定程度緩和され得る」と考えています。ただし，仮に，日本社会に通称使用が行き渡ったとしても，「姓を変えたくない」と思っている人の不利益が本当に緩和されるのか，疑問もあります。そもそも通称使用が広まれば，実質上，家族の姓はばらばらになっており，「家族の呼称」としての役割を果たさなくなり，何のために同姓にこだわるのか，わからなく

なってしまうようにも思います。

　日本社会には，いろんな感じ方，考え方の人が暮らしています。できるだけ多くの国民が納得しながら，自分たちの生きたいように生きられる社会が望ましく，そのため，時代に合わせて，ルールは変わっていきます。

　「夫婦の姓をどうするのか」という問題についても，まさに過渡期にあるといえるかもしれません。ある人にとっては今のままで問題ないけれど，ある人にとっては大問題であることから，「今まで通り，同姓がいい人は同姓にできて，別姓にしたい人は別姓にできる制度（選択的夫婦別姓制度）に変えようではないか」という議論がなされているところだからです。

　一方，「夫婦同姓を義務付けている今の法律は，憲法に違反する」として，訴訟が提起され，夫婦同姓制度や選択的夫婦別姓制度については，司法の場でも争われてきました。2015年，最高裁判所は初めてこの問題について判断を下し，「合憲」としました。その後，2021年に再度，「合憲」の判断を下しています。

　2015年の最高裁判決では，①氏には家族の呼称としての意義があり，子が両親双方と同じ氏にすることや，同氏により家族の一体感が生まれることにも意義がある，②法律は「夫または妻の氏を称する」としており，どちらの氏にするかは夫婦の協議に委ねているのだから，不平等ではない，③夫婦同氏を求めることは，婚姻を直接制約するものではない，④通称使用により，氏を改める者の不利益は一定程度緩和される——とし，最後に，「この種の制度のあり方は，国会で論ぜられ，判断されるべき事柄」としています。

　しかし，その後も，国会で法改正についての議論は進まず，再び訴訟が起こされ，2021年，最高裁は，2015年の判決を受け継ぎ，夫婦同姓について定める現在の法律は，「法の下の平等」や「婚姻の自由」を侵害するものではないとしました。2015年の判断を変えなければならないほどの大きな社会的変化があれば，判例変更もあり得たのですが，最高裁は，この5年ほどの間に，女性の就業率や選択的夫婦別姓制度の導入に賛成する人が増えたという事情を踏まえても，「2015年の判断を変えるべきとは認められない」としました。そして，「夫婦の姓についてどのような制度をとるべきか」という立法政策と「現行法が憲法に適合するか」という問題は次元を異にするとして，2015年判決と同様，「この種の制度のあり方は国会で論ぜられ，判断されるべき事柄」と結論付けました。

皆さんは，こうした状況を知って，何を思うでしょう。夫婦の姓はどうあるべきなのか，じっくり考えてみましょう。

【2】「婚前契約」のすすめ？

　おもしろいルールとして，「夫婦でした契約は，婚姻中，いつでも取り消せる」というものがあります（民法754条）。結婚すると，2人で約束しても，一方の気が変われば，簡単になかったことにできる……ということです。

　たとえば，夫の太郎さんが妻の花子さんに，「この前，欲しがっていた100万円の指輪，プレゼントするよ。約束の証に一筆書いておこう」といって，指輪をプレゼントする約束が書かれたメモを妻に差し出しました。花子さんは喜んで「ありがとう」と言いました。この場合，法律的には，書面による贈与契約が成立しています。

　しかし，太郎さんは後から気が変わったから「やっぱり，指輪の話はなかったことに」といいます。もし，太郎さんと花子さんが夫婦でなければ，花子さんは「契約違反だわ！裁判所に訴えて，必ずプレゼントしてもらうから」といえることになりますが，夫婦なので，太郎さんは契約を取り消せます。

　夫婦間でのそうしたトラブルは，裁判所に持ち込んで解決させるのはやめてくださいね，夫婦で話し合って解決する方が円満ですよ，と法律は言っているわけです。夫婦での約束は気まぐれでなされることも多く，いちいち契約違反を裁判で解決しようとしたら，逆に夫婦仲が壊れてしまうことから定められた規定だといわれています。夫婦での約束は，裁判によって強制的に守らせるのではなく，任意で守ってもらうのが望ましいという価値判断でしょう。

　なお，太郎さんと花子さんが，指輪を贈与する契約をした後，何らかの事情により，夫婦関係が修復できないほどに壊れてしまったとしましょう。この場合，太郎さんは契約を取り消せないと最高裁判所はいっています。形式的に籍が残っていても，実質的に太郎さんと花子さんの関係が壊れていれば，「婚姻中」に当てはまらず，取り消すことはできなくなるということです。

　夫婦関係が修復できないほどに壊れていない限り，夫婦間での契約はいつでも取り消せる……こういう法律があることを知って，「結婚してしまったら，約束を守ってもらえなくなってしまうかも……」と不安に感じる人もいるかもしれません。

そういう事情もあり、「結婚する前に約束しておこう」と考える人が出てきて、「婚前契約」というものが注目されるようになりました。

　「婚前契約」というのは、結婚する前に、結婚してからの家事の分担とか、自分たちだけのルールとかを、契約書の形にまとめておくものです。中には、離婚の条件などを定めたものもあります。

　契約書にまとめたからといって、必ずしもすべてが裁判によって強制できるようになるわけではありません。しかし、結婚前に、いろんなことを話し合い、話し合った結果をまとめておくことで、双方が「約束を守ろう」という気持ちになりやすくなったり、トラブルを防ぐことにつながったりします。

　契約書にまとめるかどうかは別にして、結婚する前からしっかりコミュニケーションをとる癖をつけておくことは大切だと思います。

▶▶3＿婚約後・結婚後の「不倫」は不法行為？

　結婚すると、パートナー以外の人と男女の関係になった場合の責任も大きく変わります。

【1】　二股恋愛は自由か？

　結婚前は、自由恋愛ですから、たとえ二股をかけても、原則として法的責任は負いません。二股をかける行為は、パートナーを傷つけるため、道徳的には許されないものです。でも、裁判所に「違法だ！」と判断してもらい、慰謝料（精神的損害に対する賠償金）をとることは難しいです。

　一方、2人の関係がただの自由恋愛ではなく、「結婚」というものを意識しだすと、状況は変わってきます。

【2】　婚約以降の不倫——「婚約」とは？

　入籍する前であっても、「婚約」してしまえば、その後の二股は、法律上違法とされ、慰謝料請求が認められる可能性があります。「婚約」というのは、2人が将来結婚することを真剣に約束することです。婚約指輪を渡したり、両家が顔を合わせて結納を行ったりする必要はなく、理論的には2人が真剣に約束するだけで成立します。

　でも、口約束だけだと、「婚約なんてまだしていない」と後から争いになることも。

たとえば，太郎さんと花子さんが「結婚しよう」と口約束して，その後，太郎さんが桃子さんと男女の関係を継続していることが判明。花子さんは，「婚約が成立しているのに浮気なんて許せない。慰謝料請求する！」と裁判所に訴えたとしましょう。裁判の場で，太郎さんは「僕は『結婚しよう』なんていったことはない」と主張。裁判所は，神様ではないので，太郎さんと花子さんが「結婚しよう」と約束した場面をみていたわけではなく，あくまで婚約の証拠があるかどうかで判断します。口約束だけの場合，証拠がなく，婚約の成立を認めてもらえないことも十分あり得るわけです。そうなれば，花子さんは太郎さんに慰謝料を支払わせることができません。

　ですから，結果的に，裁判になるようなケースでは，「婚約」の成立には，具体的な事実（婚約指輪を渡したり，両家への挨拶を済ませたり，結婚式場の予約をしたり……）が必要となることが多いです。

【3】　結婚（＝婚姻）後の不倫？

　「婚約」を経て，ついに「結婚」（婚姻）したとしましょう。結婚後，夫婦以外の人と肉体関係を持てば，慰謝料を請求され，支払わなければならなくなる可能性があります。

　先ほどの太郎さんと花子さん，桃子さんに再び登場してもらいましょう。今回は，スムーズに婚約し，晴れて太郎さんと花子さんが結婚し，家庭を築いたとします。ちなみに，ここでいう「結婚」には，事実婚も含みます。

　結婚後，太郎さんは，桃子さんと肉体関係を持ちました。太郎さんと桃子さんは，2人で共同して，「結婚生活の平穏」という法律上守るべき利益を侵害しています。その意味で，2人の行為は「不法行為」と評価されます。したがって，被害者の花子さんは，夫の太郎さんと，不倫相手の桃子さん，2人に対して損害賠償請求をすることができます。

　もちろん，夫の太郎さんのことは許すけれど，桃子さんは許せない，として，桃子さんだけを相手に訴訟を起こすこともできます。ただし，「結婚生活の平穏」を侵害したのは，桃子さんだけでなく，太郎さんも加害者ですから，桃子さんだけにすべての責任を負わせることはできません。桃子さんは，花子さんに慰謝料全額を支払った後，太郎さんに対して，「あなたの分も私が支払ったのだから，その分は返してもらうわ」という請求（求償）ができます。

花子さんが，桃子さんだけにお金を支払わせたい場合には，「桃子さんは，後から太郎さんに求償しない」という約束をしたうえで，賠償金を支払わせることもできます。その場合，桃子さんから，「約束に応じる代わりに，賠償金額を下げてほしい」と交渉されることもあるでしょう。

【4】　不倫が不法行為になる場合と慰謝料の請求

　ところで，太郎さんと桃子さんの不倫は，太郎さんと花子さんの「結婚生活の平穏」を侵害したから「不法行為」になるのでした。

　したがって，不倫の時点ですでに，太郎さんと花子さんの関係が修復できないほどに壊れていた場合，太郎さんが桃子さんと関係を持ったとしても，「不法行為」にはならないと考えられています。不倫したから家庭が壊れたわけではなく，はじめから壊れていたからです。

　そこで，裁判では，すでに夫婦関係が破綻していたのかどうかが争われることになります。不倫相手の桃子さんは，「私は太郎さんから，『俺たち夫婦は，もう終わっている。もうすぐ離婚することになっている』と聞いていました。その言葉を信じて，私は太郎さんと関係を持ったのです。だから，私は慰謝料なんて，支払う必要がないはずです」と主張します。

　しかし，裁判所は，そう簡単に夫婦関係の破綻を認めません。たとえば，太郎さんと桃子さんが不倫関係になるずいぶん前から，太郎さん花子さん夫婦が別居していて，さらに，夫婦の間で離婚について具体的な話が進んでおり，離婚時の財産のわけ方を決めたり，離婚届を記入したりしているような場合であれば，破綻が認められる可能性もあります。夫婦で連絡を取り合ったり，一緒に出掛けたりすることもなく，夫婦の接触が一切断たれていることも加われば，余計に破綻が認められやすくなるでしょう。

　でも，不倫している時期も，太郎さんと花子さんが同居していて，夫婦げんかは多いものの，普通に夫婦としてのコミュニケーションを取っていたような場合，桃子さんはやはり，「結婚生活の平穏」を侵害したと評価され，慰謝料を支払わなければなりません。

　不倫の場合，相手から「自分たち夫婦は，もう終わっている。もうすぐ離婚して君と結婚するよ」などといわれて，関係を持ってしまうケースが非常に多いです。もちろん，その言葉が嘘であることも多々あります。漫然と，相手の

言葉を信じて関係を持ってしまうと、「過失」と評価され、「不法行為」の責任を負わなければならなくなります。

【5】 不倫の慰謝料（額）？

ところで、不倫した場合、いくらくらいの慰謝料を支払わなければならなくなるのでしょうか。

裁判では、個別の事情を踏まえて金額を決めるので、一概にいえませんが、不倫によって離婚に至ったケースでは、慰謝料の金額が高くなる傾向があります。離婚に至らなかったケースでは、だいたい数10万円から100万円くらい、離婚に至ったケースでは、100万円から300万円くらいが相場といわれています。

一般に、結婚していた期間が長い場合、不倫の期間が長い・頻度が多い場合、不倫相手との間に子どもができた場合……などは、慰謝料の金額は増額されます。

【6】 結婚（婚姻）制度の自由拘束性と関係安定性

今までみてきたように、「結婚」（婚姻）することによって、法的に二人の関係は守られるようになります。

もし、結婚という制度がなく、すべて自由恋愛に委ねるとすると、相手が心変わりするだけで簡単に別れられることになりますし、二股をかけられても法的に訴えることはできません。そうなると、パートナーとの関係に常に不安を抱きながら生きていかなければならない人たちが出てきてしまいます。

結婚制度には、国が「男女関係の安定」を守り、平穏な暮らしをもたらす効果もあるといえるでしょう。

▶§**3**＿「離婚」について知ろう──家族に関する基本ルール②

▶▶1＿離婚は自由にできるか？

結婚制度が夫婦二人の関係の安定を守っている……ということは、裏を返すと、一度結婚すると、なかなか離婚しにくいということになります。

法律がどう定めているのかというと、まず、夫婦で話し合って、双方が納得して離婚する場合は、どんな理由であれ、離婚できます（民法763条）。

一方，夫は離婚を望むけれど，妻は離婚を望まない，またはその逆……ということはよくあります。たとえば，先ほどの太郎さんと花子さんの夫婦で，太郎さんは離婚して桃子さんと再婚したいけれど，花子さんは太郎さんとの離婚を望んでいない，なんてこともあるわけです。

　そうなると，離婚するには裁判所の力を借りなければならなくなります。

📖トピック 7.3＿ 「離婚」には4種類の方法がある！？

　一口に「離婚」といっても，実は，4種類の方法があります。

　夫婦で話し合って，双方が納得して離婚する場合を「協議離婚」といいます。離婚する夫婦の90％くらいが，協議離婚によって離婚しています。

　離婚について，話し合いが成立しない場合には，家庭裁判所に離婚調停を申し立てます。調停では，夫婦双方が顔を合わせることなく，調停委員を介して話し合いを進めることができます。離婚調停が成立すれば，離婚条件などについて調書がまとめられ，離婚が成立します。これを「調停離婚」といいます。

　調停が不成立となった場合，家庭裁判所が審判で離婚を成立させることがあります。これを「審判離婚」といいます。審判に対し，2週間以内に当事者から異議申し立てがなければ，離婚が成立しますが，異議が出れば，審判の効力はなくなってしまうため，審判離婚はあまり利用されていません。

　調停が不成立となったけれども離婚を望む場合，家庭裁判所に離婚訴訟を提起し，判決によって離婚を認めてもらうことになります。これを「裁判離婚」といいます。

　なお，離婚については，原則として，調停を経ずに，いきなり訴訟を起こすことはできません。これは，家庭に関する紛争は，いきなり公開法廷で争わせることがふさわしくなく，できるだけ当事者間の話し合いにより自主的に解決すべきと考えられているからです。

▶▶2＿民法上の「離婚事由」

　裁判で離婚を認めてもらうためには，法律に書いてある「離婚事由」が認められなければなりません。具体的には，①配偶者に不貞行為（夫婦以外の人と肉体関係を結ぶこと）があったとき，②配偶者から悪意で遺棄（一方的に家を出て放置されたり，生活費を渡してもらえなかったり）されたとき，③配偶者の生死が3

年以上明らかでないとき，④配偶者が強度の精神病にかかり，回復の見込みがないとき，⑤その他，婚姻を継続しがたい重大な事由があるとき，の5つになります。

　これを聞いて，「なんだ，不倫すれば離婚できるのか」「勝手に家を飛び出して，相手を放置すれば，裁判でも離婚が認めてもらえるんだ」と思う人がいるかもしれません。太郎さんは，花子さんと不倫しているから，①配偶者に不貞行為があったときに当たり，太郎さんから離婚を申し入れれば，問題なく離婚できる……と。

　しかし，それは不公平ですよね。自分で離婚の原因をつくっておきながら，相手が離婚を望んでいないのに，強制的に離婚させるというのは，常識的に考えておかしいでしょう。したがって，①不貞行為をした側，②悪意の遺棄をした側……から離婚を申し入れても，原則として離婚は認めてもらえません。

　でも，「離婚事由」の中には，⑤その他，というのがあるのだから，「結婚生活がめんどくさくなったから」とか「生活しているうちに，性格が合わないところがみえてきて，一緒にいたくなくなった」とかの理由も「⑤その他」に該当し，離婚を認めてもらえるんじゃないか……，と考える人がいるかもしれません。

　しかし，その程度の理由では「⑤その他」には当たらないと，裁判所は判断します。「⑤その他」をよくみてみますと，「その他，婚姻を継続しがたい重大な事由」と書いてあります。「重大な事由」ですから，裁判所はそう簡単に「⑤その他」に当たるとして離婚を認めてはくれません。夫婦の関係が壊れ，どう考えても修復不可能という場合に，ようやく認められることになります。

　具体的には，別居しているか，別居期間が長期に及んでいるか，親が面倒をみなければならない年齢の子がいるか……など夫婦の置かれた状況や，夫婦の関係性を詳しく検討して，個別に離婚を認めるべきか判断されます。

　結局，一方が強く離婚を望んでいても，もう一方が結婚生活を継続したいと思っている場合，離婚のハードルはそれなりに高いということです。

　ここで，夫婦にまつわる山口県の民話をご紹介しましょう。

♥「夫婦のむかし」

　むかしむかし，神様が人間をつくったときのお話。夫婦は最初，背中合わせにくっついて生まれました。

　ある日，男が「妻の顔を見たい」と言い出しました。女も同じことを思っており，背中合わせにくっついた夫婦は，急に互いの顔を見たくてたまらなくなりました。

　そこで夫婦は自分達を造ってくれた神様に，背中を割ってお互いの顔が見えるようにして欲しいと頼んでみると，神様は望みを叶えてくれました。

　男は，妻の顔を見ることができて，嬉しくて飛んで跳ねて，どこかへ行ってしまい，女は男を探すために旅に出ました。一方，我にかえった男も女を探し回りましたが，二人ともなかなか相手を見つけることはできませんでした。

　すっかり元気がなくなった男は，もう一度神様の所に行って，離れ離れになった妻に会えるよう，お願いしました。すると，神様は男に『愛の魂（たま）』を与えてくれました。愛の魂の力によって，二人はお互いを見つけることができ，いつまでも見つめ合いながら話をしました。

　別の男は，近くにいた女を片割れと思い暮らし出しましたが，愛の力を感じられず別れ，再び片割れを探しに出かけました。

　それ以来夫婦というものは，昔くっついていた片割れと結ばれるものだと言われているそうです。

　このお話の教訓として，「大昔から，人はこんな調子だったのだから，離婚についても深刻に考えなくてよい。人はだれでも『愛する』という力を持っていて，いつか必ず片割れに会える」と語られることがあります。2020年の離婚件数は約19万3000組。令和の時代になっても，相当な数の離婚がなされていることを踏まえると，『夫婦のむかし』はロマンのある話のようにも思われます。みんながこのお話のように考えているなら，「離婚」でもめることも少なくなるでしょう。

　けれど，実際には，夫婦の一方は『愛する』という力を感じていて，運命の相手だと信じている。もう一方は，『愛する』という力を感じず，別の人を探したい……ということが起こります。そして，前述のように，調停や訴訟で離婚するかどうかを争う事例も少なくないのです。

▸▸3＿離婚の条件とは？

　また，離婚すること自体は合意できても，その条件について争いになること

も多いです。たとえば，婚姻期間中に2人で築いた夫婦の財産をどうわけるか（財産分与），慰謝料の支払いはあるのか，あるとしたらいくらか，子どもがいる場合は，親権者をどちらにするか，養育費の支払いはどうするか，子どもと一緒に暮らしていない親とどのくらいの頻度で，どのような形で交流させるのか……など。とても大変な話し合いになりそうだ……と想像できるのではないでしょうか。

　離婚にまつわる，このような大変なもめ事を，どこでどのように解決していけばよいのか法律が定め，裁判所によって具体的に判断されているのが現実社会です。

▶§4 __「親子」について知ろう──家族に関する基本ルール③

　結婚という制度には「男女関係の安定」を守るという側面があるわけですが，ほかにもとても大きな意味があります。

　それが，子どもとの関係です。

▶▶1__子どものお父さんは誰？

　子どもが生まれれば，親には子どもを育てる義務が発生します（民法818条・820条）。そういうこともあって，誰が親なのか？というのは，早くはっきりさせなければならない問題です。

　親が誰かなんて，普通，明らかなのでは？と思われるかもしれませんが，実は，そう簡単な問題ではありません。母親は，出産するから誰だかすぐわかりますが，父親が誰なのかは，極端な話，いちいちDNA鑑定をしなければ，わからないわけです。すべての赤ちゃんについて，DNA鑑定が必要……となると，非常に手間がかかりますし，結果がわかるまで父親は不在になってしまい，父子関係が安定しません。そもそも，昔はDNA鑑定自体，ありませんでした。

　そこで，法は，親子関係を結婚と結びつけることにしました。▶§2▶▶3でご説明した通り，夫婦になったら，パートナー以外の異性と肉体関係を持つことは，法的に許されないわけですから，夫婦でいる間に妊娠した子は，「夫の子」

としましょう，というルールにしたのです（民法772条1項）。そして，結婚している間は夫婦が共に「親権」を持ち（民法818条3項），2人で子どもの面倒をみたり，教育したりする権利と義務を持つと定められています（民法820条）。

　ただ，結婚している間であっても，夫婦関係が壊れてしまい，別の男性と性交渉をして妊娠するケースはあります。

　たとえば，太郎さんと花子さんは，晴れて結婚しました。しかし，1年くらいすると，2人は一緒にいるのがつらくなり，別々に暮らすように。花子さんは，次郎さんと出会い，男女の仲になり，子どもを妊娠しました。……というようなケースです。

　この場合，生まれてくる子は，次郎さんの子なのですが，太郎さんと結婚している最中に妊娠しているので，法律上は，太郎さんの子とされてしまいます。それが嫌で，出生届を出さず，生まれてくる子が無戸籍になってしまう……という問題が起こっていました。そこで，2022年12月，花子さんと次郎さんが再婚した後，子が産まれた場合，「次郎さんの子（今の夫の子）」とできるように法律が改正されました。この新しいルールは，2024年4月1日から施行されます。

☕パウゼ7.2＿　授かり婚の場合の父親は？

　ところで，「結婚している間に妊娠した子は，夫の子ということにしましょう」という原則だとお伝えしてきましたが，「あれ？すると，授かり婚の場合はどうなるんだろう」と疑問に思う読者もいるかもしれません。

　赤ちゃんができてから結婚する，という夫婦はけっこういますね。しかし，夫婦になる前に妊娠しているため，従来の民法では「夫の子」という推定が働きませんでした。実際には，戸籍の父親欄に夫の氏名が記載され，結婚してから妊娠したケースと大差ない取扱いがなされてきましたが，法律上もはっきりさせてあげたほうがいいということで，改正民法によって，「結婚前に妊娠した子でも，結婚後に生まれた子は夫の子」というルールになりました。

▶▶2＿嫡出否認の訴え

　法律上は，このように，結婚と結びつけて「父親はこの人」ということにす

るというルールになっています。

　しかし，中には，こういうこともあり得ます。

　太郎さんと花子さんは，晴れて結婚しました。仲の良い夫婦だったのですが，花子さんは次郎さんのことも好きになってしまい，太郎さんとも次郎さんとも性交渉を重ねていました。そのうち，花子さんは妊娠し，子を産みました。

　この場合，子の父親が太郎さんなのか，次郎さんなのかは，誰にもわかりません。法律上は，太郎さんと結婚している間に妊娠しているので，「太郎さんの子」とされます。しかし，後から，太郎さんが，花子さんの不倫に気づき，生まれてきた子どもの顔などをみて「もしかして，自分の子ではないかもしれない……」と思うことはあるでしょう。また，妊娠の時期などから，花子さん自身も，「次郎さんの子だろうな」と思っているかもしれません。そういう場合に，「この子は太郎の子ではない」と主張する機会がないというのはおかしいですね。

　そこで，法律上，一応「太郎さんの子」とされたけれど，後から「この子は太郎の子ではありません」と裁判所に訴える手続があります（嫡出否認の訴え―民法774条）。この訴えは，従来，夫（太郎さん）だけが起こすことができ，子の出生を知ってから1年以内に起こさなければならないとされていましたが，2022年12月の民法改正により，訴えを起こせる人の範囲が広がり，子や母（花子さん）も起こせるようになり，さらに，訴えを起こせる期間も原則3年以内に延長されました。

▶▶3＿子どもの認知

　では，結婚しないまま出産した場合，どうなるのでしょう。

　子どもが生まれているわけですから，必ず，血のつながった父親は存在します。その父親が「認知」すれば，その人が法的にも父親になります（民法779条）。「認知」がなければ，戸籍の父親欄は空欄のまま，法的な父親は不在になります。

　法律上の父親が不在ということは，法律に基づいて養育費の支払いを求めることができませんし，父親が死んでも，子は法定相続人になれません。

　「認知」は，父親が自分の意思で認知届を提出すればできますが，父親が認知しない場合，わざわざ子どもや子どもに代わって母親が「認知の訴え」を起

こさなければなりません（民法787条）。

　このように，結婚しないまま出産すると，父子関係が不安定になります。

▶▶4＿親権とは？

　親権とは，①子の監護・教育を行う権利，そして，②子の財産を管理する権利であり，義務です。親権は子どもの利益のために行使することとされています。

　父親と母親が婚姻関係にある間は，父親と母親の双方が親権者であり，二人で話し合って，子をどのように育てるか？子の財産をどうやって管理するか？などを決め，共同して親権を行使することとされています（民法818条）。

　父母が離婚をする場合には，父母のうち一方を親権者と定めることとされており（民法819条参照）離婚後は，その者が親権を行使することになります。親権者は，子がどこに住むのかを決めることができるため（民法822条），通常，子は親権者と暮らすことになることが多いようです。

　以前，親権者は「監護や教育に必要な範囲内で，子を懲戒できる」として，親権者の懲戒権が定められていました。しかし，虐待を正当化する根拠にされているなどの批判を受け，2022年12月，親権者の懲戒権の規定は削除されました。そして，新たに，「親権を行う者は，……監護及び教育をするに当たっては，子の人格を尊重するとともに，その年齢及び発達の程度に配慮しなければならず，かつ，体罰その他の子の心身の健全な発達に有害な影響を及ぼす言動をしてはならない」という条文が付け加えられました（民法821条）。

> ### ✍トピック 7.4＿　賛否わかれる共同親権の導入
>
> 　本文で説明したように，現在の民法では，子どもがいる夫婦が離婚する際に，一方を親権者と定めなければなりません（単独親権）。しかし，2023年4月，国の法制審議会（学識経験者が集まり，法務大臣の諮問に応じて法務に関する基本的な事項を調査・審議する会）の家族法制部会は，現在の制度を見直し，父と母双方を親権者とする「共同親権」を導入する方向で検討を進めることを合意しました。
>
> 　「共同親権」については，離婚後も，父母が協力して子育てしやすくなると期待される一方，関係が破綻した夫婦の多くは，冷静に対等な話し合いをすること

が難しく，たとえば，暴力的な一方が「共同親権にしなければ離婚に応じない」などと迫り，無理やり親権を獲得し，離婚後も子を通じて支配を継続しようとするなどのリスクも指摘されています。

　共同親権の導入をめぐる議論は賛否がわかれており，今後，導入されるのか，仮にされるとしても，具体的にどのような制度になるのか，議論の行方に注目する必要があるでしょう。

▶▶5＿実の親子の縁は切れるか？

　親子は愛情で結ばれている……と考えられがちですが，現実には，深刻な問題を抱えている親子も存在します。「毒親」なんて言葉があるように，実の子どもが汗水たらして働いて得たお金を，親がむしり取ろうとしたり，子どもに暴言を吐いたり……という親に問題のあるケース。成人しても実家に引きこもり，なかなか自立せずに，親には命令口調で暴言を吐き続けるとか，暴力をふるうとか，子どもに問題があるケース……など。

　そういう場合，「親子の縁を切りたい」という相談がありますが，法律上，原則として，実の親子の縁を切ることはできません。

　実の親がさまざまな事情で子どもを育てていけないとか，虐待してしまって実の親に育てさせるわけにはいかないとか……そういった事情がある場合，子どもが15歳未満であり，実の親の同意があれば，「特別養子縁組」という制度によって，実の親との法的な親子関係を解消し，新たに別の人と親子関係を結ぶことが可能となりますが，こういった極めて限定的な場合にしか，実の親子の縁を切ることはできません。

　実の親子は，お互いに助け合い，生活できるようにする義務があります（民法877条）。子どもが学生などで働くことが期待できない，だいたい20歳前後までは，親は自分の生活と同レベルの生活を子どもにさせる義務があります。その年齢を超えてくると，たとえ子どもが困っていたとしても，親は無理して助けてあげなくてよいと考えられています。自分が生活して，なお余裕がある場合に，子どもに最低限の生活を維持させれば十分なわけです。これは，子どもが親を助けてあげる場合も同じです。親が困っていたとしても，子どもは自分が生活して，なお余裕がある場合に，親に最低限度の生活を維持させれば十分

ということです。ですから，親が子に，子が親に，金の無心をしたとしても，必ずしも従う必要はありません。

　実の親子は，法的に絶縁することはできませんが，親子であっても，事実上，距離を取ることは可能です。問題のある親または子に悩まされている場合は，電話番号を変えたり，場合によっては引っ越しをしたりして，距離をとることが大切でしょう。また，虐待などに悩んでいる場合，まず自治体に相談しましょう。

▶ §5 ＿「相続」って？——家族に関する基本ルール④

▶▶1＿相続をめぐるルールの役割

　では，家族と法の締めくくりとして，「相続」について簡単に説明します。まず，おもしろい説話を１つ。

♣「17頭のラクダと父の遺言」（あらすじ）

　年老いたアラブ人が，自分の死を悟り，３人の息子を呼び，こう言いました。
　「私が死んだら，ラクダをお前たちにやろう。長男は半分，次男は３分の１，三男は９分の１だ」
　ところがラクダは17頭だったので，割り切れません。３人の兄弟は分配について言い争いを始めました。
　そこへ，旅人がラクダに乗ってやってきて，兄弟げんかの訳を聞きました。
　「そうか，じゃあ，私のラクダを差し上げましょう。これで分けられますね」
　３人は，18頭のラクダを分けることに。長男が半分の９頭，次男は３分の１の６頭，三男は９分の１の２頭。仲良く分けられました。
　旅人は，「では，余った１頭は，私がもらっていこう」と言って，自分が乗ってきたラクダに乗って去っていきました。

　「相続」というと，なんだか難しい話に聞こえるかもしれませんが，誰にでも起こる身近な問題です。人は誰しも亡くなります。死んでしまえば財産を持っていけませんから，残された家族が，亡くなった人の財産をわけ合う必要があ

ります。それが「相続」です。

　残された家族が，自分たちで話し合って上手にわけ合うことができれば，基本的に問題は起こりません。しかし，ラクダの物語を聞いてわかるように，現実はそううまくいかないものです。亡き父からわけ方を示され，わけ方自体に異論はない兄弟でさえ，柔軟に考えられず，もめてしまう……物語では，旅人が助け舟を出してくれましたが，実社会では，あらかじめ「相続」のルールを決めておく方が安全でしょう。

　そこで，法律は，「亡くなったら誰が相続人になるのか」，「争いが生じた場合，どの相続人がどれだけ相続できるのか」，「遺言がある場合はどうなるのか」，「どういう遺言であれば有効なのか」……など，さまざまなルールを定めています。

▶▶2＿誰が相続人になる？

　法律上，配偶者は常に相続人になります（民法890条）。亡くなった人に子どもがいれば，子どもも相続人です（民法887条）。

　しかし，婚姻届けを提出していない内縁の妻や，認知していない血のつながった子どもは，相続人ではありません。まさか死ぬなんて思いもせず，遺言も書かずに，ぽっくり死んでしまった場合，内縁の妻などに財産を残すことはできなくなってしまいます。

　したがって，「相続」の観点からも，法律上の結婚，法律上の親子関係の存在が意味を持つことがわかります。

　　☕パウゼ7.3＿　遺言，遺留分って？

　「亡くなる前に最期の意思を残しておきたい」，「残される家族がもめることのないよう，誰がどれだけの財産をどのようにもらうかについて，生きているうちに書いておこう」……そのような気持ちで書き残されたもの，それが「遺言」です。

　遺言（いごん）は，遺言者が死亡すると効力を生じます（民法985条）。亡くなってしまってから遺言者の意思を確認することはできないので，遺言は法律で定められた厳格な方式に従わなければならず（民法960条），方式に従っていない遺言は，法律上の遺言としての効力をもたないことになっています。なお，遺言は，日常的には「ゆいごん」と呼びますが，法律用語としては，法的な効果があるものについて，

「いごん」と呼ぶのが一般的です。

　遺言があると，法律で定められた相続のルールよりも，遺言の内容が優先されます。ただし，「愛人にすべての財産を譲る」とか「すべての財産は長男に残す」とかいう遺言が残されたとすると，相続人同士の平等が害されたり，生活苦に陥る相続人が現れたり……と問題が起こるでしょう。

　そこで，法律は「遺留分（いりゅうぶん）制度」を定めています。遺留分制度とは，一定範囲の相続人は，相続財産の一定割合について，相続権が保障されるという制度です。たとえば，相続人が妻と子 3 人だった場合，妻は亡くなった夫の財産について，最低でも 4 分の 1 は保障され，子は，それぞれ最低でも12分の 1 は保障されることになります（民法1042条）。遺言によって自分の遺留分を侵害された場合，遺留分を侵害された額に相当する金銭を請求することができます（民法1046条）。

▶▶3＿「負の財産」の相続？

　相続において，注意しなければならないのは，「負の財産」についても引き継がれるということです。

　借金を抱えたまま亡くなってしまった場合，その借金まで，相続人は引き受けなければならなくなります。プラスの財産は何もないのに，マイナスの財産である借金だけが残った……というような場合，相続人は困ってしまいますね。

　そこで法律は，相続を放棄することもできると定めています。ただし，相続の放棄は，原則，相続の開始があったことを知った時から， 3 か月以内にしなければなりません（民法915条）。

　何年も会っていない親が亡くなった……というようなケースでも，法律上，子は相続人になりますから，亡くなった人の財産について調べることは必要です。

✍トピック 7.5＿　相続と税金

　相続すると相続税がかかるというイメージがありますが，「基礎控除」という仕組みがあるため，一定の金額までの相続財産には相続税はかかりません。基礎控除の金額（2015年以降に相続が発生した場合）は，次の式で計算します。

　3000万円＋（600万円×法定相続人の数）

たとえば，相続人が配偶者と子２人の場合，法定相続人は３人であり，基礎控除額は4800万円です。そのため，相続した財産の額が4800万円以下であれば相続税はかかりません。

　こうした基礎控除のほかにも，小規模宅地等の特例などの控除もあるため，相続税が発生するかどうかは税理士などの専門家に相談するとよいでしょう。

第8章

雇用関係で弱い立場におかれる労働者を守るには？
──働き方を規律する労働法を学ぶ

　仕事は，生活に必要なお金を稼ぐという意味で重要なものです。また，仕事を通して，社会に貢献することができ，自分らしく生きることにつながります。

　私たちの人生において大切な「働く」ことと法について考えていきましょう。

▶§**1** 労働法って？──私的自治を基本理念とする民法との違い

▶▶1 小説「蟹工船」から考える過酷な労働

　まず，小林多喜二（こばやし・たきじ　1903～1933年）の小説「蟹工船」という作品のあらすじを紹介しましょう。

♠「蟹工船」

　舞台は，蟹工船という船。蟹工船は，蟹をつかまえて船の中で加工までしてしまう……という船です。

　蟹工船で働く人々は，船に乗ることでしか食べていけない貧しい人ばかりで，中にはスラムから出てきた14,5歳の少年もいました。彼らは，「糞壺」といわれる船内に数ヶ月寝泊まりして，仕事をしなければなりません。船内では，風邪が流行ったり，若い船員への性的虐待がなされたり……と劣悪な環境です。いつ沈没してもおかしくない古い船の中で，彼らは過酷な労働を強いられます。

　監督は，会社の利益のために，彼らをコマのように使います。隠れていた船員を監禁して死なせてしまったり，働きの良い者には褒美をあげる一方，働きの悪い者には焼いた鉄棒を押し当てたりしました。

　過酷な労働が続き，皆が体を壊す中で，「これ以上，もう働けない」という者が現れ，皆がさぼりながら働くようになりました。

そのうち，リーダーのような存在が現れ，300人くらいが団結し，皆でストライキを起こします。一度は失敗したものの，二度目のストライキで成功し，監督は解雇される……というストーリーです。

　「蟹工船」という作品に出てくる表現をいくつか紹介します。

・「おい地獄さ行ぐんだで！」

・豚小屋そっくりの，胸がすぐゲエと来そうな臭いがしていた

・「俺アもう今度こそア船さ来ねえッて思ってたんだけれどもな」と大声で云っていた。「周旋屋に引っ張り廻されて，文無しになってよ。――又，長げえことくたばるめに合わされるんだ」

・朝暗いうちから畑に出て，それで食えないで，追払われてくる者達だった。長男一人を残し――それでもまだ食えなかった――女は工場の女工に，次男も三男も何処かへ出て働かなければならない。鍋で豆をえるように，余った人間はドシドシ土地からハネ飛ばされて，市に流れて出てきた。彼等はみんな「金を残して」内地に帰ることを考えている。然し〔中略〕彼等は，身寄りのない雪の北海道で「越年」するために，自分の身体を手鼻位の値で「売らなければならない」

・（労働者が住み込む部屋の様子について）煙草の煙や人いきれで，空気が濁って，臭く，穴全体がそのまま「糞壺」だった。区切られた寝床にゴロゴロしている人間が，蛆虫のようにうごめいて見えた。

（小林多喜二「蟹工船」青空文庫，2004，
https://www.aozora.gr.jp/cards/000156/files/1465_16805.html
2023-05-09閲覧）

　小説の冒頭から「地獄に行く」という言葉が使われており，過酷な労働環境が生々しく描かれています。

　これは1929年の作品であり，今はこんなに不衛生な職場はないだろうし，過酷な働き方をさせられることもないだろう……と読者の皆さんは思うかもしれません。

しかし，たとえば「働いても働いても食べていけない」といった描写は，今でいうワーキングプアを思わせますし，過酷な労働で身体を壊すというのは，長時間労働などによる過労死と通ずるものがあります。現代社会でも，お金が必要な学生がいいようにこき使われる「ブラックバイト問題」，SNSで犯罪の実行役の仕事を募集し，使い捨てにされる「闇バイト問題」など，弱い立場にある人が搾取されるという構図は全くなくなったわけではありません。

　私たちは，本来，自由で平等です。でも，現実を見てみると，貧富の差が力の差となって現れ，放置しておけば「弱肉強食」の世の中になってしまいます。そうなれば，弱者の自由はなくなり，不平等な社会になります。そして，社会に対して大きな不満を抱く人であふれかえれば，犯罪も増えるでしょうし，「蟹工船」で描かれていたようなストライキがそこらじゅうで起こり，社会が成り立たなくなるかもしれません。

▶▶2＿＿「労働者」を保護する法＝労働法

　そこで，国は，労働者を守る法を整備しました。労働に関係する法律はたくさんあり，それらをまとめて「労働法」と呼んでいます。たとえば，労働基準法，労働契約法，労働組合法，男女雇用機会均等法，最低賃金法……など。皆さんも，こうした法律の名前を，いくつか聞いたことがあるのではないでしょうか。

　ここでいう「労働者」というのは，簡単にいうと，「雇われている人」です。たとえば，私はどうかというと，佐藤みのり法律事務所という自分の法律事務所を経営している「個人事業主」なので，労働法によって保護されません。自分で事業をしている以上，どれだけ長い時間働いたとしても，それは自分の勝手ということですね。

　では，アルバイトとかパート，派遣社員などはどうかというと，「雇われている人」であることに変わりありませんから，「労働者」に当たり，労働法の適用を受けます。働き方によって，具体的に適用される内容は変わりますが，アルバイトだから法律関係なしに，雇う側の好き勝手にできるわけではありません。

☕パウゼ 8.1＿ 労働法が適用される「労働者」とは？

労働法が適用される労働者とは，わかりやすくいうと「雇われている人」であるとご紹介しましたが，現実には，雇われているのか，フリーで自由に働いているのか，争われることがあります。

①ウーバーイーツの配達員は労働者？

ウーバーイーツの配達員の労働者性は，以前から争われてきました。ウーバー側は「ウーバーはあくまでプラットフォームを提供しているのであり，配達員を雇っているわけではない。配達員が直接取引するのは飲食店である。配達員はウーバーの『顧客』であって，労働者にはあたらない」といった主張をしていました。

この問題について，2022年11月，東京都労働委員会は，ウーバーの配達員は労働組合法の「労働者」（労働基準法上の「労働者」より広い）にあたると判断しました。配達員は時間的・場所的拘束を受けておらず，アプリをいつどこで稼働するかの自由があり，必ず業務の依頼に応じなければならない関係にあったとまではいえません。そうした事情を踏まえつつも，配達員が事業の遂行に不可欠な労働力として確保されていること，配送料という形で労務の提供に対する対価を受けていること，広い意味で会社の指揮監督下に置かれていること……などの評価を通して，労働組合法上の「労働者」としました。

この判断に対して，ウーバー側は12月，中央委員会に再審査を申し立てており，今後，東京都労働委員会とは異なる判断が出たり，訴訟で争われたりする可能性もあり，まだまだ争いは続きそうです。

②アイドルは労働者？

アイドルの労働者性についても，たびたび，裁判で争われています。

2023年4月，大阪地方裁判所は，元アイドルの男性について，男性が所属していたアイドルグループの活動実態から，労働基準法上の「労働者」と認める判決を下しました。本件は，所属事務所側がアイドルグループを脱退した男性に対して，契約の違約金条項に基づき1000万円の支払いを求めた事案です。裁判所は，男性は労働基準法上の「労働者」に当たるとし，労働基準法では，労働者が契約を履行しなかったことについて違約金を定めることを禁じているため，違約金条項は無効であるとして，所属事務所の違約金の支払い請求を認めませんでした。

一方，2022年2月，東京高等裁判所は，「農業アイドル」として活動していた女性について，労働基準法上の「労働者」とは認めない判断をしました。本件は，「農業アイドル」として活動していた女性の遺族が，報酬が最低賃金を下回っていると主張し，差額などを求めた事案です。裁判所は，女性にはイベントへの参加について，諾否の自由があった点を重視し，労働者性を否定しました。

このように，アイドルについては，諾否の自由や活動実態などにより，「労働者」と認められるか否かの判断がわかれています。

▶ §2 ＿ 労働組合って？

　労働者側は，使用者側に比べ，どうしても力が弱くなりがちです。「もっと休ませてほしい」「賃金が低すぎる」と思って，会社に相談しても「嫌なら，別にやめてもらっていいんだよ」といわれてしまうと，太刀打ちできないことにもなりかねません。

　でも，労働者が団体をつくって，集団となって交渉したらどうでしょうか。使用者側も，みんなにやめられてしまったら困りますから，きちんと話し合いに応じてくれるでしょう。「蟹工船」で，過酷な労働を強いられていた労働者たちも，リーダーを中心に立ち上がり，300人余りが一致団結し，ストライキをすることで，ひどい状況を変えていきました。団体をつくるということは，労働者にとって非常に重要なことです。

　労働者が労働条件などをよりよくすることを目的に，自主的に集まってつくる団体を「労働組合」といいます。労働者には，①労働組合をつくって（団結権），②団体となって交渉し（団体交渉権），③要求を実現するために団体で行動する権利（団体行動権）が憲法で保障されています（憲法28条）。こうした権利を具体的に保障するため「労働組合法」が存在します。

　①　「労働組合に入る」というと，勤める会社の労働組合を思い浮かべる人が多いと思いますが，労働者は外部の労働組合に入ることもできます。労働者は，原則として，労働組合に入るか入らないか自由に決めることができ，入った場合も，脱退する自由があります。

　例外として，労働組合と会社が「ユニオン・ショップ協定」を結んでいると，加入する資格がある労働者は皆，労働組合に加入しなければなりません。「ユニオン・ショップ協定」とは，「使用者は労働組合員ではない者を解雇しなければならない」という約束です。こういう約束をすることで，労働組合は組合

員を確実に集めることができ，組織としての力が強まります。

　なお，「ユニオン・ショップ協定」があっても，労働者には労働組合を選択する自由があるため，会社の労働組合とは別の組合に入っていれば解雇されません（最高裁平成元（1989）年12月14日判決）。

　②　団体となって交渉する権利というのは，具体的にいえば，労働組合が使用者と労働条件などについて話し合う権利です。「賃金を上げられないか」「労働時間をもっと柔軟に決められるようにしてほしい」「働いているのにきちんと評価されていないから，公平な評価の仕組みをつくり，昇給を認めてほしい」……など，さまざまなことが話し合われます。

　労働者には交渉する「権利」があるため，会社は正当な理由なく話し合いを拒むことはできません（労働契約法7条2号）。ただし，労働組合側と使用者側がよく話し合ったけれど，合意に至らず，これ以上話し合ってもお互い譲り合うことはないだろうということもあります。そういう場合には，団体交渉は打ち切られることになります。

　③　団体交渉がうまくいかないとき，労働者がストライキなどを起こすことがあります。ストライキというのは，集団で仕事を行わないこと。最近はあまり見かけなくなりましたが，昔は，鉄道会社の従業員がストライキをして電車が止まる……なんてこともありました。

　そんなことしたら，「労働契約違反で損害賠償請求されるのでは？」とか「へたしたら，業務妨害罪とかで逮捕されちゃうのでは？」とか，心配になる人もいるでしょう。でも，正当なストライキであれば，民事上の責任も，刑事上の責任も免れるというルールになっているので安心です。また，会社が，団体行動に参加したことを理由に，不利益な取扱いをすることも禁じられています。

📖トピック 8.1＿　フリーランスと労働組合

　フリーランスとして働く人は，一人ひとりが経営者のようなものなので，取引先から無理難題を押し付けられたり，ハラスメント被害に遭ったりしたとしても，たった1人で戦わなければいけないのでしょうか？
　実は，労働組合法上の「労働者」とは，「職業の種類を問わず，賃金，給料そ

の他これに準ずる収入によって生活する者をいう」と定義されており（労働組合法3条），雇用される場合だけでなく，使用従属の関係に立ち，その指揮監督の下に労務に服し，労働の対価として報酬を受け，これによって生活する者を広く含むと解釈されています。

たとえば，ウーバーイーツの配達員のように，ある程度柔軟な働き方をしている場合であっても，東京都労働委員会は労働組合法上の「労働者」と認め，ウーバーは，配達員たちがつくるウーバーイーツユニオンとの団体交渉に応じなければならないとしました。（→☕パウゼ8.1＿①）

そうはいっても，あらゆるフリーランスが労働組合法上の「労働者」と認められるわけではなく，純然たる個人事業主としか考えられない人たちもいます。そうしたフリーランスの人々は，取引先との間で圧倒的な力の格差があったとしても，対等な市民同士の関係を前提とする民法などのルールに基づき，トラブルを解決しなければなりません。

そんな中，たとえば，俳優は，労働組合法とは別の中小企業等協同組合法の仕組みを用いて，協同組合日本俳優連合をつくり，出演条件や安全対策等の団体協約を締結しています。また，2022年5月には，フリーランスとして働く人々の連帯などを目的として，初の全国組織「フリーランスユニオン」が発足しました。現在，フリーランスを守る新たな法案も検討されているところであり，多様な働き方をしやすい社会へ向け，動き出しているといえるでしょう。

▶ §3 ＿ 採用の内定にまつわる法律問題

▶▶ 1 ＿ 採用内定の取消しは認められるか？

就職活動をすると，実際に入社するよりもだいぶ前に採用の「内定」をもらうのが一般的です。

法的には，この「内定」をもらった時点で，労働契約が成立したことになります。ただし，内定を出した段階では，学生が学校を無事に卒業できるかはわかりませんので，この労働契約は，「学校を卒業できないなどの事由があれば解約できる」契約と考えられています。

内定をもらった段階で，労働契約が成立している以上，内定を取り消すためには，解雇に匹敵するような事情が必要になります。たとえば，内定を出す段

階で「能力に欠けるかも……」「なんだか暗いから不適格かな……」などと迷いながら，とりあえず内定を出しておき，その後，「やはり，あなたとは一緒にやれないので内定を取り消します」ということは許されないわけです。

　過去の裁判では，会社が内定を取り消せるのは，「内定を出した時点で知ることができず，また知ることが期待できないような事実が後から判明し，内定を取り消すことが客観的に合理的と認められ，社会通念上相当と認められる事情がある場合に限る」とされています（最高裁昭和54（1979）年7月20日判決）。たとえば，内定の決まった人の健康状態が悪化し働くことが困難となった，履歴書の記載内容に重大な虚偽記載があったことが後から判明した，内定の決まった人が刑事事件を起こしてしまった……などの場合には，内定の取消しが認められることになるでしょう。

　なお，まだ内定に至っていなくても，あと一歩で内定という段階まで来ている場合，応募者には「入社できるぞ」という期待が生まれます。その期待を裏切って，企業が不当な理由で採用しないと違法となり，企業側に損害賠償責任が認められることもあります。

▶▶2＿採用内定の辞退は？

　内定をもらえば，会社側からそう簡単に取り消されることはないとわかりましたが，では，自分の方から内定を辞退することもできなくなってしまうのでしょうか。

　法律上，労働者側からは，いつでも解約の申し入れをすることができることになっており，解約の申入れをしてから2週間経つと，労働契約は終了します（民法627条）。したがって，自分から内定辞退をすることは，いつでもできることになります。

　しかし，急に内定を辞退したら，会社は，別の人を新しく探さなければならなくなるなど，大変です。何らかの事情によって，その会社で働くことができなくなってしまった場合には，できるだけ早く会社に事情を伝え，誠意をもって辞退するようにしましょう。

▶§4 __ 賃金についての決まり

▶▶1__最低賃金

賃金についても，法律でいろんなルールが定められています。

もし，法律がなく，自由に賃金を決めてよいとしたら，どんなことが起こるでしょうか？

人を雇いたい会社がたくさんあるのに，働きたい人があまりいない場合，会社は人を確保するために賃金を上げるでしょう。しかし，働きたい人の方があふれているような場合，会社はより安く雇おうとして，賃金を下げるでしょう。

こうして自由に任せておくと，需要と供給のバランスによって，賃金がとても低くなってしまう可能性があります。賃金が低くなれば，労働者の生活は成り立たなくなります。どうにか食べていくために，いくつもの仕事を掛け持ちして，働き過ぎて体を壊す人も出てきてしまうかもしれません。

こうしたことが起こらないように，「最低賃金法」が存在し，会社が支払わなければならない賃金の最低額を定めています。正社員であれ，アルバイトであれ，派遣社員であれ，どんな働き方をしている人に対しても，最低賃金法で定められた金額より低い金額で労働契約を結ぶことは認められません。

最低賃金は，都道府県ごとに決められているので，働く場所の最低賃金を調べ，自分の時給と比べてみるとよいでしょう。

▶▶2__賃金の支払方法

賃金については，その「支払方法」に関するルールも法律で定められています（労働基準法24条）。賃金の支払方法には，次の4つの原則があります。

【1】 通貨払いの原則

賃金は現金で支払わなければならず，現物で払ってはいけないという原則です。

楽しみにしていたお給料日。会社から「今月分は，20万円分のわが社の商品で支払うよ。ちょっと在庫が余っちゃって……」といわれたら困りますよね。

こういうことがないように，「通貨払いの原則」が定められているわけです。

　ただ，「通貨払いの原則」とはいえ，実際には封筒に現金を入れて手渡しする……という会社は今時ほとんどないでしょう。多くの会社は，銀行振込などの方法をとっていると思います。労働者の同意を得れば，こうした支払方法も認められています。

　また，定期券の形で交通費を渡すということも，よくみられます。労働協約（労働組合と使用者が書面で行う取り決め）で定めておけば，こうした現物支給も可能です。

☕パウゼ 8.2　賃金のデジタル払いが解禁

　賃金は現金で支払うのが原則ですが，2023年4月より，「○○Pay」などデジタル払いが解禁されました。背景には，キャッシュレス決済の普及や送金手段の多様化があります。賃金のデジタル払いが可能になると，銀行口座から現金を引き出す手間が省けたり，ポイントの還元が受けられたりと，利用者側にとってメリットもあります。

　もちろん，デジタル払いが解禁されたからといって，すべての労働者がデジタル払いを受け入れなければならないわけではありません。デジタル払いを実現するためには，まず，労使協定（労働者の過半数で組織する労働組合か，労働者の過半数を代表する者と，使用者が書面で行う取り決め）を締結し，その上で，雇用主は労働者にデジタル払いに関する一定の説明をして，個別に労働者の同意を得る必要があります。労働者が同意しなければ，従来通り，銀行口座などで賃金を受け取ることができ，雇用主がデジタル払いを希望しない労働者に対して，デジタル払いを強制することはできません。また，労働者は，賃金の一部をデジタル払いで受け取り，残りを銀行口座振り込みで受け取ることも可能です。

　賃金の支払いは，厚生労働大臣が指定した資金移動業者（○○Payなど）の口座に限られています。また，現金化できないポイントや仮想通貨での賃金支払いは認められていません。そして，心当たりのない出金などの不正取引がなされた場合，口座所有者に過失がなければ全額が補償される仕組みになっています。また，口座の上限額は100万円以下に設定されており，万一，指定資金移動業者が破綻しても，保証機関から弁済が行われます。

【2】　直接払いの原則

　賃金は労働者本人に払わなければならないという原則です。

　高校生がアルバイトをして，一生懸命働き，待ちに待った給料日。店長が「給料は，君のお母さんに渡しておいたよ。お母さんから，そう頼まれていたから。君，未成年だし，別にいいよね」といわれたらどうでしょう。これも，困りますね。こういうことがないように，「直接払いの原則」があるわけです。

　また，間に人が入ると，その人が不当に手数料などを取ってしまうかもしれません。働いた本人にきちんと賃金が渡るように，この原則があります。

【3】　全額払いの原則

　賃金は，全額残らず支払われなければならないという原則です。

　楽しみにしていた給料日。給与明細をみると，思っていたより少ないような……。すると，経理の人から「慰労会のための『積立金』として，一部天引きしてあるよ」といわれ，びっくり。今月はこれだけもらえるはずだと思って計画を立てていたのに……。なんてことになったら，困ってしまいます。そこで，労働者の生活の安定を守るために，「全額払いの原則」があります。

　ただし，所得税や社会保険料など，法令で定められているものを差し引くことは認められています。それ以外についても，労使協定を結んでいる場合は認められます。

【4】　毎月1回以上，定期払いの原則

　賃金は，毎月1回以上，決められた日に支払わなければいけないという原則です。

　給料日だと思って，うきうきしていたら，社長が「ごめんね，ちょっと今厳しいから，給料はまとめて来月支払うね」といわれたら，「今月，どうやって生活すればいいの……」と途方に暮れてしまう人も多いでしょう。こういうことがないように，「毎月何日に支払う」ということを決めなければならないルールになっています。

　ただし，臨時の賃金や賞与（ボーナス）は例外です。

▸§5 __ 働き過ぎを防ぐ決まり

　先ほど紹介した，小説「蟹工船」では，労働者たちが過酷な労働を強いられ，体調を崩していく姿が描かれていました。蟹工船という船は，架空の存在ではなく，現実に海に出ていたのですが，そこでは1日20時間労働だったともいわれています。1日は24時間しかないのですから，いかに過酷な労働環境だったのかがわかります。

　今の時代も，過労によって健康を害したり，亡くなったり，自ら命を絶ってしまうということがあります。こうした事態を防ぐため，法律には働き過ぎを防ぐルールが定められています。

▸▸1__労働時間に関するルール

　働く時間の長さは，法律で制限されています。

　まず，原則は，1日8時間以内，1週間で40時間以内です（労働基準法32条）。

　ただし，従業員の過半数が加入している労働組合（過半数が所属している労働組合がない場合は，従業員の過半数の代表者）との間で，会社が「時間外労働・休日労働に関する協定」を書面で結び，労働基準監督署に届け出れば，1日8時間以内，1週間で40時間以内を超えて，働かせることができます（労働基準法36条）。この協定は，労働基準法36条に規定されていることから，「36協定（サブロク協定）」と呼ばれています。

　36協定があれば，いくらでも延長できるのかというと，そうではありません。36協定によって延長できる労働時間は，原則，月45時間，年360時間です。臨時的な特別の事情があって，労使が合意すれば，さらに延長することが可能となっています（年720時間以内，ひと月で休日労働含めて100時間未満，複数月平均休日労働含めて80時間以内。月45時間を超えることができるのは，年間6か月まで）。

　使用者がこうした労働時間に関するルールに違反すれば，罰則の対象になります。

　なお，業種によってこのルールが適用されないものもありますし（自動車運

転の業務や建設事業など），働き方によっては，高収入の一部専門職など，本人の同意のもと，労働時間規制から外されることもあります（高度プロフェッショナル制度）。

　時間外労働をした場合には，割増賃金を支払ってもらえることも覚えておきましょう。アルバイトでもパートでも派遣社員でも，割増賃金は支払ってもらえます。

▶▶2＿休憩や休日に関するルール

　1日の労働時間が6時間を超える場合には少なくとも45分，8時間を超える場合には少なくとも60分の休憩を与えなければならない，というルールがあります（労働基準法34条）。

　休憩時間は，労働者が自由に利用できるものでなければなりません。「そんなの当たり前だろう」と思うかもしれませんが，中には，「今から，お昼休憩ね。私たち，外でお食事べに行くから，事務所に残る人たちは，電話が鳴ったらとっておいて。もし，お客さん来たら，対応よろしくね」なんていわれてしまうことも。これでは，休んだ気がしませんね。したがって，休憩中に，電話対応や来客対応を指示されれば，それは「休憩時間」ではなく「労働時間」とみなされます。

　また，休日は，毎週少なくとも1回，あるいは4週間を通じて4日以上，与えなければならない決まりになっています（労働基準法35条）。

　こうした休日のほかに，有給休暇（仕事を休んでも給料をもらえる休暇。労働基準法上，正式には「年次有給休暇」）の制度もあります（労働基準法39条）。半年間継続して雇われていて，8割以上出勤していれば，年に10日間の有給休暇をとれます。勤続年数が長くなると，有給休暇をとれる日が増えていきます。パートやアルバイトなども，一定の要件を満たせば有給休暇をとることが可能です。

　さて，ここで1つ，お話を紹介しましょう。

♥「大食い和尚」

　　昔，静岡の海の近くにある泰定庵（たいじょうあん）というお寺に，とても大食らいのお和尚さんがいました。

　　近くの浜は大変賑やかで，毎日大漁旗をあげて，沢山の魚を積んだ大きな船が出入りしていました。しかし実際のところ，大漁で儲かっているのは船を所有している網元だけで，村人たちは過酷な労働をするばかりでちっとも楽ではありませんでした。

　　それを知った和尚が網元に抗議すると，網元は「大食いの弟と餅の食べ比べをして勝ったら，和尚の提案を考えてやる」と持ちかけました。和尚はガツガツと餅を平らげ，〔中略〕食べ比べにどうにか勝利する事ができました。

　　しかし，網元は「考えてやると言っただけで約束はしていない」と和尚をやり込めました。その代りに賭けをしようと言いだし，「相良から江戸までの旅の間，何も食べずについてこられたら，村人たちを楽にしてやろう」と証文を書きました。

　　七日七晩，和尚は網元の仕掛ける食べ物の誘惑に打ち勝ち，何も食べずに江戸までたどり着くことができました。江戸についた和尚は，証文を高々と掲げて，うまいと評判の高級料理50人前を平らげ，村人たち用に沢山のお土産を買わせました。

　　こうして賭けに勝った和尚は，意気揚々と村へ帰り，これにすっかり懲りた網元が心を入れ替えたので，浜はますます栄えたそうです。

（「大食い和尚」まんが日本昔話あらすじ，2012年，
http://nihon.syoukoukai.com/modules/stories/index.php?lid=418
2023-05-16閲覧）

　　この物語では，和尚さんが使用者である網元と労働条件について交渉してくれています。現実社会では，和尚さんのような人はいないので，労働者たちが団結し，労働組合が交渉することになるでしょう。

　　そして，和尚さんが一度，網元にやり込められてしまったように，現実社会の交渉もなかなかうまくいかないこともあります。

　　注目したいのは，物語の結末です。網元は心を入れ替えた……ということで，証文にあるように「村人たちを楽にして」やったのでしょう。すると，「浜はますます栄えた」とあります。このことから，私たちは何が学べるでしょうか。

　　休みなく長い時間働かせ続け，しかも十分な賃金ももらえなかったら，物語の中の村人も，現実社会の従業員も，疲れ切ってしまい，良い仕事はできないでしょう。「蟹工船」の乗組員も，疲れがたまってきたら，さぼりながら働く

ようになってしまいました。

　低賃金の長時間労働というのは，一見すると会社にとって都合のいい働かせ方のようですが，実際には，従業員の体力，気力が下がって，長い目でみて利益を生みにくくなってしまうように思います。

　働き過ぎを防ぐ法のルールは，何より，労働者の心と体を守るためのものです。しかし，それにとどまらず，会社自らきちんとルールを守ることで，会社全体の生産性を上げることにもつながります。さらには，長時間労働が改善することにより，仕事と家庭の両立がしやすくなり，女性活躍や男性の家庭参加が促されるといった効果も期待できます。

　読者の皆さんも，働き過ぎを防ぐ法のルールを知り，ワークライフバランスを意識して，充実した人生を送れるようにしましょう。

▶§6 ＿「ハラスメント」にご用心

▶▶1＿ハラスメントって？

　働く人を苦しめるのは，休みなく長い時間働かされることばかりではありません。職場の人間関係もあいまって追い込まれてしまう，というケースが結構あります。

　慣れない仕事でミスをしてしまい上司に強く責められたり，先輩従業員が仲良くしようとしてくれているのか，彼氏や彼女のことなど，やけにプライベートなことに踏み込んできたり……。いざ，その場にいると，「ミスをしてしまった自分が悪いのだから仕方ない」，「先輩には悪気はなさそうだし仕方ない」などと，受け入れてしまいがちです。

　しかし，実は，ミスをしたときの責め方が度を超えていれば，それはパワーハラスメント（パワハラ）に当たり，上司の行為は違法と評価されることもあります。プライベートなことに踏み込み過ぎる場合も同じです。

　なお，ハラスメント（Harassment）とは，相手の意に反する行為によって不快にさせたり，相手の人間としての尊厳を傷つけたり，脅したりすることで，いわば「いじめ」や「嫌がらせ」と同等の意味をもつ行為をさします。

「パワハラ」「セクハラ」という言葉は知っていても，まさか自分がされていることがハラスメントに当たるとは思わなかった……，ずっと我慢してしまい，心が疲れ果ててしまった……というケースは少なくありません。自分が被害に遭っていることに早めに気づくためにも，どんなことがハラスメントになるのか，知ることは大切です。

▶▶2__パワーハラスメント（パワハラ）とは？

まず，パワーハラスメント（通称パワハラ）について解説しましょう。

職場のパワハラとは，「職場において行われる優越的な関係を背景とした言動であって，業務上必要かつ相当な範囲を超えたものにより，労働者の就業環境が害されるもの」と定義付けられています。

定義だけをみていても，なかなかイメージしにくいので，パワハラに当たる代表的な例を紹介しましょう。

①身体的な攻撃（暴行・傷害）

②精神的な攻撃（脅迫・名誉毀損・侮辱・ひどい暴言）

③人間関係からの切り離し（隔離・仲間外し・無視）

④過大な要求（業務上明らかに不要なことや遂行不可能なことの強制，仕事の妨害）

⑤過小な要求（業務上の合理性なく，能力や経験とかけ離れた程度の低い仕事を命じることや仕事を与えないこと）

⑥個の侵害（私的なことに過度に立ち入ること）

これらは，あくまで代表例なので，これらに当てはまらない場合でもパワハラになることがあります。

パワハラについては，「違法」と評価され，加害者側に損害賠償責任が認められたケースもたくさんあります。

たとえば，ⓐミスの多い従業員に対して，何度も繰り返し強い口調で叱責したケースで，「適正な指導の範囲を超えて，精神的苦痛を与えるもの」として慰謝料の支払いを認めたもの。ⓑ本来予定されていた仕事を与えず，雑用業務だけをさせたケースで，「到底正常な人事管理権の行使とはいえず，予定された業務の範囲を超えて著しく苦痛を与えたもの」として慰謝料の支払いを認めたもの。ⓒ年の離れた従業員同士の男女交際について，交際しない方が良いと

アドバイスしたケースで、「交際は当人らの自主的判断に委ねるべきであるから、職場への悪影響が生じこれを是正する必要がある場合を除き、交際に介入する言動を避けるべき職務上の義務がある」として慰謝料を認めたもの……など。

▶▶3__セクシャルハラスメント（セクハラ）とは？

次に、セクシャルハラスメント（通称セクハラ）について解説しましょう。

職場のセクハラとは、①職場において、労働者の意に反する性的な言動が行われ、それを拒否・抵抗などしたことで解雇、降格、減給などの不利益を受けること（対価型セクハラ）や、②職場において、労働者の意に反する性的な言動が行われることにより労働者の就業環境が不快なものとなったため、労働者の能力の発揮に重大な悪影響が生じるなど労働者の就業する上で見過ごすことができない程度の支障が生じること（環境型セクハラ）といわれています。

女性だけでなく男性が被害者となる場合もあり、同性同士でもセクハラが起こることがあります。

セクハラについても、「違法」な行為であると評価され、加害者側に損害賠償責任が認められたケースがたくさんあります。

たとえば、①男性従業員が女性従業員に対して、「お局さん」「おばさん」などといったり、夜の仕事を勧めたりしたケースで、「年齢や未婚であることなどを殊更に取り上げて、著しく侮蔑的ないし下品な言辞で侮蔑し、又は困惑させる発言」などとし、違法性が認められたもの。②男子生徒が男性教師のお尻をふざけて触ったケースで、「男性教師が男子生徒の行為によって受けた精神的衝撃は小さいものではない」として違法性が認められたもの……など。

そのほか、性的少数者による愛情の告白をめぐって人間関係が悪化したケースで、告白された女性が退職を申し出たことについて、「（告白され）大きな精神的衝撃を受け、恐怖心や不安感から自身の退職を申し出たものであり、精神的衝撃の高さに照らして無理からぬもの」「自然なもの」と評価し、違法なパワハラないしセクハラに当たらないと判断したものなどもあります。

パワハラやセクハラを受けたかもしれない……と思ったら，早めに会社に相談しましょう。相談したことによって，不利益な扱いをすることは禁じられていますので，まずは会社としての対応を求めることが大切です。

もし，会社がきちんと対応してくれない場合には，各都道府県労働局の雇用環境・均等部（室）や全国の各労働基準監督署などに設置している「総合労働相談コーナー」などに相談してみましょう。専門の相談員が，面談や電話で，無料で相談に乗ってくれます。

なお，会社には，パワハラやセクハラ対策として，雇用管理上必要な措置を講ずる義務が課せられています（パワハラについて「労働施策総合推進法」，セクハラについて「男女雇用機会均等法」）。

✍トピック 8.2 カスタマーハラスメントと使用者の責任

社外の顧客や取引先による悪質なクレームや暴言によって，従業員の心身の健康や職場環境が著しく悪化するケースが増え始めたのが2016年頃。そして，2018年3月には，厚生労働省の有識者会議の報告書に「カスタマーハラスメント」（通称カスハラ）という言葉が取り上げられるようになり，今では，「カスハラ」は広く社会問題として認知されるようになっています。

企業がカスハラを受けた従業員からの相談を受け付けずに放置したり，現場の従業員任せにして，問題のある顧客の対応を一人だけに押し付けたりすると，従業員は過度のストレスにさらされ，心身の健康を害する危険があります。そうなれば，会社は，従業員が心身の健康を損なわないよう注意する義務（安全配慮義務）に違反したとして，訴えられる可能性があります。

また，怒っている顧客や取引先を目の前にして，その場を丸く収めるために，上司が部下に対し，不合理な謝罪などを命じる場合，「カスハラ」がきっかけの「パワハラ」に発展し，会社が法的責任を追及されることもあります。実際，校長が教諭に対し，理不尽な要求をする保護者へ謝罪するよう強いた事案において，校長の行為を不法行為（違法なパワハラ）と評価し，自治体の賠償責任を認めた裁判例もあります。

「パワハラ防止指針」では，カスハラ対策について「望ましい取組み」として定められているにとどまり，仮に会社がカスハラ対策を講じなかったとしても，行政から勧告を受けたり，企業名を公表されたりすることはありません。しかし，

使用者としては，カスハラ対策マニュアルを作成したり，カスハラ相談窓口を設けたり，と具体的な対策を講じることが大切です。

▶§7 __ 仕事で心や体を壊したら……

▶▶1__労働安全衛生法

今までみてきたように，労働者を守るため，法は，働き過ぎを防ぐルールを定めたり，パワハラやセクハラをなくすよう求めたりしています。

さらに，労働者の安全と健康を守り，快適な職場環境をつくるため，「労働安全衛生法」という法律が定められています。労働安全衛生法は，仕事が原因で，労働者が事故に遭ったり，病気になったりしないように，会社に適切な措置をとるよう求め，労働者も会社の措置に協力するよう求めています。

たとえば，会社は年1回の健康診断を行わなければならず，労働者はそれを受ける必要があります（労働安全衛生法66条）。また，心の健康を維持するため，年1回のストレスチェックも行うことになっています。

▶▶2__労災保険

それでも，仕事で心や体を壊してしまうことはあるでしょう。その場合は，「労災保険」により，補償を受けられます。

仕事が原因でけがを負ったり，病気になったり，通勤途中で事故に遭ったり，長時間労働やパワハラなどでうつになったり。こういう場合，会社が療養費を負担して，休んでいる間の補償をしなければなりません（労働基準法75条，76条）。しかし，会社のお金が足りなければ，十分な補償を受けられなくなってしまいます。そこで，確実に補償を受けられるように，基本的に，労働者を一人でも雇用する会社は「労災保険」に入らなければならず，会社が全額保険料を負担することとされています。

したがって，もし，仕事が原因でけがを負ったり，病気になったりすること

があれば，労働基準監督署に行き，「労災保険」から給付を受けましょう。労災保険は，アルバイトやパート，派遣社員なども対象になります。なお，万一，勤めている会社が労災保険に入っていなかった場合でも，給付を受けることができるので，安心してください。

▶§*8* ＿ 働く人もルールを守ろう

今まで，働く人を守る法についてみてきましたが，働く人自身もルールを守ることが大切です。

▶▶1＿労働基準法に基づく企業の就業規則

企業独自のルールを定めたものとして，「就業規則」があります。就業規則には，労働条件などのほか，職場の秩序を守るためのルールも書かれており，これをみんなが守ることで，トラブルを防ぎ，安心して働けるようになります。就業規則は，労働者の意見も聞いたうえで会社が作成し，労働者がいつでもその内容を確認できるようにしなければならないことになっています（労働基準法106条）。

労働者が会社の決まりである就業規則に違反すれば，それなりのペナルティーが与えられることになるでしょう。就業規則には，懲戒に関する定めが置かれていることが多いです。「○○という違反をすれば，××という懲戒処分を下す」と書かれているわけです。

懲戒処分の種類は，法律で定められているわけではなく，企業ごとに懲戒処分の呼び名や内容に差がありますが，一般的には，以下のようなものを設けている企業が多いです。

① 戒告・けん責　　戒告は口頭のみの注意であり，けん責は始末書を提出させて，将来を戒めること。
② 減給　　賃金を減額する処分。すでに働いた分の賃金について支払われなくなるということ。労働基準法で，減額できる限度が定められています。

③　出勤停止　　労働者に出勤させない処分。出勤停止期間中，賃金は支払われないのが一般的です。

④　降格　　役職の罷免・降職，資格等級の降格のいずれか，または双方を行う処分。

⑤　諭旨解雇　　企業側が従業員に退職を勧告し，従業員本人が願い出るという形で退職させる処分。

　　退職金は全部または一部支給されることが多く，懲戒解雇処分より一段軽い処分と位置づけられています。

⑥　懲戒解雇　　懲戒処分の中で最も重い処分であり，会社が一方的に労働契約を終了させる処分。退職金は支払われない扱いが一般的です。

　もちろん，就業規則に違反したからといって，いつでもすぐに懲戒解雇になることはありません。懲戒処分をするには，「客観的合理的理由」が必要であり，常識に照らして「相当」なものでなければならないと法律が定めているからです（労働契約法15条）。違反の程度に見合った処分である必要がありますし，会社側は処分をする前に，労働者側から事情を聞いたり，改善指導をしたりすることが必要です。

　このように不当な懲戒処分がなされないよう，労働者は法律で守られているのですが，だからといって，「ちょっとくらいいいか」と軽い気持ちで就業規則を破ってはいけません。

　第1章でみたように，「ルール」というのは，みんながめちゃくちゃにならないためのものです。職場には一緒に働くたくさんの人がいます。一人がルール違反をすることで，みんなの雰囲気が悪くなったり，仕事がうまく進まなくなったりしてしまいます。社会に出て働くということは，職場内のルールをきちんと守ることが欠かせません。

▶▶2＿生き生きと働くために

　働くことと法についてみてきましたが，その締めくくりとして，「生き生きと楽しく働く」ための視点を教えてくれる，次の寓話をご紹介します。

◆「３人のレンガ職人」

　一人の男がレンガを積んでいました。旅人が，彼に「何をしているのですか？」と尋ねると，レンガを積んでいた男は，「レンガ積みに決まっているだろ。親方の命令で積んでいるんだ。腰は痛くなるし，手は荒れるし，まったくついていない」と言いました。

　もう少し歩くと，別の男がレンガを積んでいました。さっきの男ほど辛そうには見えません。旅人が「何をしているのですか？」と尋ねると，「壁を作っているんだよ。これが俺の仕事なんだ。この仕事のおかげで金を稼ぎ，家族を養える」と言いました。

　さらに歩いていくと，また別の男がレンガを積んでいました。この男は，生き生きと楽しそうにレンガを積み上げていました。旅人が「何をしているのですか？」と尋ねると，「俺たちは，歴史に残る偉大な大聖堂を作っているんだ。ここで多くの人が祝福を受けることになる。なんてすばらしいんだ」

　旅人はその男にお礼を言い，また歩き出しました。

　３人目のレンガ積みをしている職人は，自分が今やっている仕事に意味を見出し，誇りを持って働いており，生き生きとしています。

　冒頭でご説明したように，仕事は，お金を稼ぎ，生きていくための手段でもありますが，同時に，社会に貢献し，自分らしく生きる方法でもあります。

　皆さんが働く今の時代は，働く人を守る法が存在し，人権意識の高まりからハラスメントなどに対する社会の目も厳しく，自分次第で仕事を通していくらでも輝けると思います。

　仕事には厳しい面，つらい面ももちろんあります。レンガを積むという作業だけをみれば，重いし，手は痛むし，とても大変でしょう。しかし，同じ作業でも，どのような気持ちで取り組むかによって，生き様も幸福度も変わります。この本を手に取った皆さまが，法の知識と共に，目的意識を持ち，生き生きと働いてくれることを願っています。

第**9**章

心身発達途上にある子どもを尊重しつつ
守るためのルールとは？

―― 「保護・自立・人権」の視点から「子どもと法」を学ぶ

　今まで，法について，いろいろとみてきましたが，心も体も発達途上にある子どもについては，大人とは異なるルールが必要です。そこで，本章では，「子どもと法」について考えていきたいと思います。

▶§**1**＿子どもの権利条約――世界が目指す子どもの人権保障

▶▶1＿子どもの権利条約と子どもの権利

　「子どもの権利条約」（日本政府による訳語＝公定訳は「児童の権利に関する条約」）を知っていますか。第**2**章で紹介したように，「条約」というのは，国同士の約束を定めた法です。「子どもの権利条約」は1989年に国連総会で採択され，1990年に発効しました。日本は1994年に批准しています。

　「子どもの権利条約」でいう「子ども」というのは，原則，18歳未満の者のことです（同条約１条）。国によって，何歳を成人とするかには違いがあるため，条約では，各国の定める法律でより早く成年に達した者は除くとされています。たとえば，ある国の法律では，16歳で成年に達するとなっていた場合，その国については，条約のルールは，16歳未満の者に適用されるということになります。

　「子どもの権利条約」には４つの原則があります。①「生命の権利（子どもの命が守られ，能力を十分伸ばして成長する権利）」，②「差別されない権利」，③「子どもの最善の利益の原則（国は子どもにとって何が最も重要かを考慮しなければならない原則）」，そして④「子どもの意見表明権」です。

　子どもの命を守ろうとか，差別はいけないとか，子どもにとって何が最も重

要かを考慮しましょう……という原則は，比較的，理解しやすいのではないかと思います。でも，「子どもの意見表明権」というのは何なのか，言葉を聞いただけではイメージしにくいかもしれません。

　意見表明権については，第12条が「自分の意見をつくる能力のある子どもが，子どもに影響を及ぼすすべての事柄について，自由に自分の意見を表明する権利があること」，「子どもの意見は，年齢や成熟度合いに従って，考慮されること」を定めています。

　日本の場合，子どもに影響を及ぼす法律や規則をつくる場合であっても，子どもの意見を聴くことはほぼありませんから，その意味では，「子どもの意見表明権」が十分に保障されているとはいえないかもしれません。

▶▶2＿子どもに関する法律の変遷

　日本は，これまで，子どもの健やかな成長を保障するための基本的な法律である「児童福祉法」を定め，子どもの権利条約の精神にのっとることを理念として掲げてきました。また，子どもを脅かす虐待をなくすため，「児童虐待防止法」がつくられるなど，子どもの権利条約の精神や4原則を尊重する法整備を進めてきました。

　そして，2022年6月，子どもに関する初の包括的な基本法として「こども基本法」が成立し，2023年4月より施行されました。こども基本法は，日本国憲法や子どもの権利条約の精神にのっとることを明らかにするだけでなく，初めて，子どもの意見表明権についても定めました（こども基本法3条3号）。

　コロナ禍前になりますが，2019年12月には，子ども自ら「遊び場を増やしてほしい」と声を上げ，行政に対して陳情書を提出し，いくつかの要望を受け入れてもらったというニュースが報じられ，これに対して，ネットには子どもを応援する声が集まり，話題になりました。

　今はまだ，子どもの意見表明権が十分に保障されているとは言い難いですが，法整備が進むと共に，こうした現実の積み重ねにより，社会全体が「子どもの意見に耳を傾けよう」「子どもの意見を取り入れよう」という風に変わっていくように思います。

☕パウゼ9.1＿ 「子供」「子ども」「こども」……

「子供」「子ども」「こども」……と同じ言葉でも，さまざまな表記がされています。文科省内では「子供」の表記に統一されたものの，各教育委員会，学校の文書では「子供」「子ども」の表記が混在しており，新聞などにおいても統一されているわけではありません。法律においても，「子ども・子育て支援法」だったり，「こども基本法」だったりと，表記はさまざまです。

「子供」はもともと当て字なのですが，「供」という字が「お供する」などを連想させ，従属的な印象があることから，差別的であるとして，「供」をひらがな表記にするようになったといわれています。文科省は差別表現ではないとの判断から，本来の「子供」という表記に統一しました。一方，小さな子どもでも読みやすいようにとの配慮などから，「こども」とすべてをひらがなで書く法律や文書も存在します。

法律上は，子どもの他にも「児童」「少年」……など，さまざまな言い方がなされています。それぞれどんな意味なのか，区別がつきにくいと感じる読者もいるでしょう。そのようなときは，法律の中の定義規定をみてみましょう。

たとえば，「子ども・子育て支援法」における「子ども」とは，「18歳に達する日以後の最初の3月31日までの間にある者」と定められており（同法6条1項），「こども基本法」では，「こども」とは「心身の発達の過程にある者」（同法2条1項）とされています。「少年法」では，「少年」とは「20歳に満たない者」と定義付けられ（同2条1項），「特定少年」を「18歳以上の少年」（同法62条1項）としています。

法律ごとにさまざまな定義規定が置かれており，表記（漢字かひらがなか……など）にかかわらず，同じ言葉でも法律によって意味が異なることがあります。定義規定を活用し，正確に意味を把握することが大切です。

▸§2 ＿ 子どもが罪を犯したら？

▸▸1＿子どもの犯罪と法による裁き

次に，子どもと犯罪について考えてみましょう。

罪を犯した子どもを裁くことはできるのか？罰するべきなのか？──これらは，古くから難問とされてきました。そこで，まず，江戸時代の作家，井原西鶴の記した説話をご紹介しようと思います。

♥「善悪二つの取物」（あらすじ）

昔，7歳の子どもが不用意に小刀を手にして，9歳の子どもを死なせてしまいました。

加害者の家族は，「どうか死刑にしないでください」と裁判官に頼みました。一方，被害者の遺族は「どうか加害者を死刑にしてください」と頼みました。

双方の訴えを聞いた裁判官は，おもちゃの人形と小判を用意して「その子が小判を取ったら善悪や物事の判断ができるとみなし，死刑にしましょう。人形を取ったら命を助けましょう」と言いました。

その晩，加害者の家族は，「小判を取ったら殺されてしまうんだよ」と繰り返し教え，翌朝もよく言い聞かせてから裁判所に出頭しました。

裁判官が「人形を取れば命を助ける。小判を取れば死刑にするぞ」と言いながら，加害者の前に人形と小判を置くと，加害者は小判を取ってしまいました。

これを見た裁判官は，「この子が物事の判断がつかない子どもであることがよくわかった。小判を取れば死刑だと言われたにもかかわらず，小判を取ったのだから」と言い，加害者の命を助ける判決を下しました。

（井原西鶴「本朝桜陰比事」巻4の2より構成）

子どもが人の命を奪うなど，重大な罪を犯すと，「子どもだからって，甘く考える必要はない。大人と同じように罰するべきだ」という意見が多く聞かれます。

ただ，もし赤ちゃんが加害者だったらどうでしょう。多くの人が「赤ちゃんは悪いことだとわからずにやってしまったのだから，責任を問えない」「赤ちゃんを刑務所に入れたって，罪を償うということが理解できないのだから，意味がない」などと思うのではないでしょうか。

では，「善悪二つの取物」に出てきた7歳の子どもだったら？もしかすると，意見がわかれるかもしれませんね。「7歳なら，もう悪いとわかっていたんじゃないか」「いや，まだ幼いし，わからないだろう。刑務所に入れるような年齢ではないと思う」など。

結局，刑事責任を問えるのはいつからなのか，国民の代表が話し合って，法で決めておかなければなりません。どこかの年齢で線引きをする必要があるということです。

▶▶2__子どもの刑事責任とは？

　日本の法律は，犯罪にあたる違法な行為をしても，「責任」がなければ処罰できないという考え方をとっています。悪いことだとわからない人や，悪いことだと判断しても判断した通りに行動できない人には「責任」がないので，無罪になります（心神喪失—刑法39条1項）。悪いことだと判断する力や，判断した通りに行動する力が著しく低い人の場合には，必ず刑を軽くしなければなりません（心神耗弱—刑法39条2項）。

　子どもは，成長の途上ですから，ものの見え方が大人とはずいぶん異なります。何が良くて何が悪いのか判断できなかったり，どのくらい悪いのかがわからなかったりする年齢にある者を大人と同じように処罰するわけにはいきません。幼い子どもが，犯罪にあたる違法な行為をしても「責任」がないから，罪に問えないわけです。

　では，何歳まで刑事責任を問われないのかというと，13歳までと定められています（刑法41条）。なお，19歳までは，罪を犯しても「少年法」が適用されるため，大人とは異なる手続での対応となります。

▶▶3__子どもの犯罪と少年法の適用

　こう聞くと，「え！ 13歳といえば，中学1年生でしょ？もし，13歳の子が人を殺しても，おとがめなしで，ずっと自由に暮らせるの？」とびっくりするかもしれませんが，そうではありません。刑事責任を問えなくても，「少年法」は適用されるからです。

　たとえば，13歳の子どもが人を殺してしまった場合，警察が調べに来て，児童相談所に送り，その後，原則として家庭裁判所に送られます。そして，家庭裁判所が必要と判断すれば，少年院に送られることもあります。少年院では，少年が更生できるよう，矯正教育がなされます。

　では，14歳の子どもが人を殺してしまった場合はどうでしょう。刑事責任を問えるのだから，必ず大人と同じ刑事裁判になるのだろうと思うかもしれませんが，そうとも限りません。まず警察が捜査して，検察に事件を送り，その後，家庭裁判所に送られます。家庭裁判所が「刑事責任を問うべきだ」と考えれば，再び検察に送り返し，大人と同じ裁判になることもあります。しかし，家庭裁

判所が「刑罰を与えるよりも，環境を整えたり，矯正教育をしたりする方が良い」と判断すれば，13歳の子と同じように，少年院送致などの保護処分になることもあります。

これが16歳以上の子どもが人を殺した（故意の犯罪行為により被害者を死亡させた）場合になると，家庭裁判所は原則として検察に事件を送り返すルール（原則逆送）となっており，刑事責任を問われることが多くなります。

さらに，18歳，19歳（特定少年）については，2022年4月より改正少年法が施行されたことにより，原則逆送対象事件が拡大され，たとえば強盗罪，強制性交等罪などの罪を犯した場合でも，原則として刑事責任を問われることになりました。18歳，19歳が起訴されれば，大人と同じように実名報道も可能になっています。

このように子どもの犯罪については，年齢に応じて，少しずつ大人と同じ責任を問えるようなルールになっています。

▶▶4__子どもの更生可能性と教育

幼い，若いということは，それだけ変われるということでもあります。罰を与えるだけでは人はなかなか変われませんが，変わるための教育をすれば，もう悪いことをしないで，社会の中できちんと生きていけるようになる可能性が上がります。

少年法が，罪を犯した少年に対して，大人とは異なる手続で教育に力を入れているのはそのためです。罪を犯した少年が適切な教育を受け，再び社会に戻っててうまくやっていけることが，少年にとっても社会にとっても大切なことだと思います。

☕バウゼ 9.2__ 大人と子どもを，どう区別するか？

法律上，年齢による区別はいろいろとあります。

たとえば，お酒を飲んだり，たばこを吸ったりできるのは，20歳から。「20歳未満の者の飲酒の禁止に関する法律」「20歳未満の者の喫煙の禁止に関する法律」が定めています。これは，健康面への影響を考えたルールなので，20歳で線引きさ

れています。

　選挙権を行使できるのは満18歳以上。2015年の公職選挙法の改正により，満20歳以上から満18歳以上に引き下げられました。少子高齢化のために，若者の有権者が少なくなってしまいましたが，若い世代の意見を政治に反映する必要があるとして，選挙権年齢が引き下げられました。

　選挙権年齢が引き下げられたことにより，成年年齢も引き下げるべきとの意見が強くなり，民法が改正され，2022年4月1日より，成年年齢が18歳になりました。これにより，18歳になると，親の同意なく，一人で契約を結ぶことができるようになりました。

　一方，選挙に立候補できる（被選挙権年齢）のは，衆議院議員で満25歳以上，参議院議員で満30歳以上。都道府県知事は満30歳以上，その他の地方自治体の長や議員は25歳以上と定められています（公職選挙法10条）。選挙で選ばれ，みんなの代表として実際に仕事を行うには，一定の知識や経験が必要なので，選挙権年齢より高く設定されています。

　このように，法律ごとに何歳を「大人」とみるかは異なります。法律ごとに目的が異なるため，線引きする年齢が異なるのも自然でしょう。

　線引きの年齢が妥当かどうかは，時代によって変わることもあり得ます。「選挙に立候補できる年齢が高すぎる！もっと若者が政治参加しやすくすべきだ」という考えから，法定の年齢に達する前に立候補を届け出る若者も現れ，今後，国を相手に訴訟が起こされたり，議論が始まったりする可能性もあります。

▶ §3 ＿ 学校と子どもの人権①──いじめ問題

次に，学校現場で起こる法的な問題を考えてみましょう。

普段の何気ない友達関係が，当たり前だと思っていた校則が，「こんなものか」と受け入れていた先生からの指導が……実は，子どもの人権侵害につながっていた，ということが実際に起こっています。

▶▶1＿法律上の「いじめ」とは？

【1】　犯罪，不法行為にもなり得る「いじめ」

学校現場で一番起こりやすい人権侵害は「いじめ」でしょう。

「いじめ」といっても，殴ったり蹴ったり，お金を巻き上げたり，陰口をたたいたり，無視したり……といろいろあります。今では，インターネットで仲間外れにしたり，見られたくない動画を拡散させたり……というタイプのいじめも珍しくありません。

こんなの「犯罪」なのでは？と疑問に思う人もいるのではないでしょうか。まさにその通りで，「いじめ」の中には，「犯罪」にあたるものもあり，学校に警察が入り，捜査が始まることもあります。

先ほどお伝えたしたように，加害者が20歳未満の場合には「少年法」の適用があるので，家庭裁判所がかかわりながら，手続が進みます。年齢や事案の内容によっては，大人と同じ刑事裁判で刑事責任を問われることもありますし，そうでなくても少年院送致などの処分が下されることもあります。

さらに，「いじめ」の中には，民事上，違法となる場合があります。いじめによって心や体，財産などを侵害されたとして，被害者が加害者を訴え，加害者が損害賠償金を支払わなければならなくなることもあるということです。加害者が子どもで，お金を持っていなくても，その親が支払わなければならなくなるケースもあります。

ただ，刑事責任にせよ，民事責任にせよ，いじめられて苦しい思いをした後の責任追及に過ぎません。中には，いじめられて心や体を壊し，学校生活を送れなくなってしまう子どももいます。さらに，いじめを苦に自殺を試みる子どももいます。後から加害者が罰せられても，加害者にお金を支払わせることができても，取り返しがつきません。

そこで国は，いじめを事前に防ぐための法律をつくりました。それが「いじめ防止対策推進法」です。

【2】 「いじめ防止対策推進法」の「いじめ」とは？

「いじめ防止対策推進法」には，「いじめ」とは何かについて，定義が書いてあります。条文はちょっと長くてわかりにくいかもしれませんが，簡単にいうと，子ども同士で，①何らかの行為があって，②相手が苦痛を感じているもの，すべてが「いじめ」になる，と書いてあります。

「え！相手が苦痛だと感じれば，全部いじめになってしまうの？悪気がなくても？それは広すぎない？」と感じる人もいるでしょう。いじめ防止対策推進

法上の「いじめ」は，皆さんが一般的に思い描く「いじめ」のイメージよりもずっと広く，なんでもかんでも含まれてしまいそうです。

▶▶2＿童話「猫の事務所」からいじめを考える

ここで１つ，童話をご紹介しましょう。

♠「猫の事務所」

〔前略〕 猫の第六事務所がありました。ここは主に，猫の歴史と地理をしらべるところでした。

書記はみな，〔中略〕大へんみんなに尊敬されましたから，何かの都合で書記をやめるものがあると，そこらの若い猫は，どれもどれも，みんなそのあとへ入りたがってばたばたしました。

けれども，この事務所の書記の数はいつもただ四人ときまっていましたから，その沢山の中で一番字がうまく詩の読めるものが，一人やっとえらばれるだけでした。

事務長は大きな黒猫で〔中略〕一番書記は白猫でした，二番書記は虎猫でした，三番書記は三毛猫でした，四番書記は竃猫でした。

竃猫というのは，これは生れ付きではありません。〔中略〕夜かまどの中に入ってねむる癖があるために，いつでもからだが煤できたなく，殊に鼻と耳にはまっくろにすみがついて，何だか狸のような猫のことを云うのです。

ですからかま猫はほかの猫には嫌われます。

〔中略〕 ある日となりの虎猫が，ひるの弁当を，机の上に出してたべはじめようとしたときに，〔中略〕弁当ばこがするするっと滑って，とうとうがたっと事務長の前の床に落ちてしまったのです。〔中略〕その時四番書記のかま猫も，ちょうど弁当の蓋を開いたところでしたが，それを見てすばやく立って，弁当を拾って虎猫にわたそうとしました。ところが虎猫は急にひどく怒りだして，折角かま猫の出した弁当も受け取らず，〔中略〕どなりました。

「何だい。君は僕にこの弁当を食べろというのかい。机から床の上へ落ちた弁当を君は僕に食えというのかい」

「いいえ，あなたが拾おうとなさるもんですから，拾ってあげただけでございます」

〔中略〕 事務長が高くどなりました。〔中略〕「いや，喧嘩するのはよしたまえ。」〔中略〕

虎猫は〔中略〕となりのかま猫をじろっと見て腰掛けました。

〔中略〕 今度は向うの三番書記の三毛猫が，朝仕事を始める前に，筆がポロポロこ

ろがって，とうとう床に落ちました。三毛猫は〔中略〕届きません。〔中略〕かま猫は拾ってやろうかやるまいか；この前のこともありますので，しばらくためらって眼をパチパチさせて居ましたが，とうとう見るに見兼ねて，立ち上がりました。

ところが丁度この時に，三毛猫はあんまり乗り出し過ぎてガタンとひっくり返ってひどく頭をついて机から落ちました。〔中略〕三毛猫はすぐ起き上って，かんしゃくまぎれにいきなり，

「かま猫，きさまはよくも僕を押しのめしたな」

とどなりました。

今度はしかし，事務長がすぐ三毛猫をなだめました。〔中略〕

事務長はさっさと仕事にかかりました。そこで三毛猫も，仕方なく，仕事にかかりはじめましたが，やっぱりたびたびこわい目をしてかま猫を見ていました。

こんな具合ですからかま猫はじつにつらいのでした。

かま猫はあたりまえの猫にならうと何べんも窓の外にねてみましたが，どうしても夜中に寒くてくしゃみが出てたまらないので，やっぱり仕方なく竈のなかに入るのでした。

なぜそんなに寒くなるかどいうのに皮が薄いためで，なぜ皮が薄いかというのに，それは土用に生れたからです。やっぱり僕が悪いんだ，仕方ないなあと，かま猫は考えて，なみだをまん円な眼一杯にためました。

けれども事務長さんがあんなに親切にして下さる，それにかま猫仲間のみんながあんなに僕の事務所に居るのを名誉に思ってよろこぶのだ，どんなにつらくてもぼくはやめないぞ〔中略〕と，かま猫は泣きながら，にぎりこぶしを握りました。

ところがその事務長も，あてにならなくなりました。〔中略〕ある時，かま猫は運わるく風邪を引いて，〔中略〕とうとう一日やすんでしまいました。〔中略〕

その間に事務所ではこういう風でした。

〔中略〕三毛猫が言い出しました。

「〔中略〕（執筆者追記：かま猫は）何でもこんどは，おれが事務長になるとか言ってるそうだ」〔中略〕

黒猫がどなりました。〔中略〕

「けしからん。あいつはおれはよほど目をかけてやってあるのだ。よし。おれにも考えがある」〔中略〕

さて次の日です。

かま猫は〔中略〕事務所へ来ました。すると〔中略〕大切な自分の原簿が，自分の机の上からなくなって，向う隣り三つの机に分けてあります。〔中略〕

かま猫は立って挨拶しましたが，三毛猫はだまって腰かけて，あとはいかにも忙しそうに帳面を繰っています。〔中略〕

かま猫は立って挨拶しましたが，虎猫は見向きもしません。〔中略〕

かま猫は力なく立ってだまっておじぎをしましたが，白猫はまるで知らないふりをしています。〔中略〕

　事務長の黒猫が入って来ました。〔中略〕黒猫は，〔中略〕もうすぐ仕事をはじめました。〔中略〕

　とうとうひるすぎの一時から，かま猫はしくしく泣きはじめました。〔中略〕

　それでもみんなはそんなこと，一向知らないというように面白そうに仕事をしていました。

　その時です。猫どもは気が付きませんでしたが，事務長のうしろの窓の向うにいかめしい獅子の金いろの頭が見えました。

　〔中略〕　獅子が大きなしっかりした声で言いました。

　「お前たちは何をしているか。そんなことで地理も歴史も要ったはなしでない。やめてしまえ。えい。解散を命ずる」

　こうして事務所は廃止になりました。〔後略〕

（宮沢賢治『猫の事務所』青空文庫，2008年，
https://www.aozora.gr.jp/cards/000081/files/464_19941.html　2023-03-26閲覧）

　このお話の舞台は学校ではないものの，まさに学校で行われがちな「いじめ」が描かれています。このお話を読んで，皆さんは，かま猫がいじめられっこ（被害者）で，それ以外の猫がいじめっこ（加害者）だと，何も疑わずに思ったことでしょう。

　ここで，「いじめ防止対策推進法」の「いじめ」の定義を思い出してください。①行為があって，②相手が苦痛に感じれば「いじめ」になるのでした。

　もちろん，かま猫以外の猫たちがした，嫌な言葉を投げかけたり，にらみつけたり，無視したり……，といった行為によって，かま猫は涙を流し，苦痛に感じているので，彼らの行為は「いじめ」です。

　でも，もし逆に，虎猫や三毛猫が「かま猫にいじめられた」と訴えたらどうでしょう。「かま猫は，他の猫に対して悪いことは何一つしていないのだから，いじめにあたるはずがない」とふつうは思うでしょう。しかし，かま猫がお弁当箱を拾ってあげようとしたら，虎猫は怒り出し苦痛を感じていたようですし，かま猫が立ち上がっただけで，三毛猫も不快感をあらわにしています。法律の定義にあてはめると，かま猫の行為（拾って手渡そうとしたり，立ち上がったりしたこと）で，相手が苦痛を感じているのですから，「いじめ」になってしまう

ということです。

▶▶3＿広く「いじめ」とするのはなぜ？

どう考えても，おかしな結論ですね。こんなおかしなルールを，どうして法律が定めているのかというと，それは，小さなことでも見逃さず，学校側が早期に対応するためです。

昔は，「いじめ」というのは，強い者が弱い者に対して，一方的に繰り返し攻撃することだと考えられていました。そうすると，学校の先生は，「このくらい，ただのけんかだろう。『いじめ』じゃないから放っておこう」，「強者が弱者に対して，何度もいじめているわけではないから，放っておこう」と考え，見過ごされてきた被害が，たくさんあったわけです。

そもそも強者や弱者といった位置付けは，大人が勝手にするものです。大人からすれば，強そうに見えても，子どもの世界ではそうではないかもしれません。また，大人の目から見ればただのけんかかもしれないけれど，その背景には根深いものが隠されていて，とても傷ついている子どもがいるかもしれません。

そうしたことに気づくために，いじめの定義はどんどん広がっていきました。

その結果，被害を訴えればほとんどすべてが「いじめ」になるということに。ただ，それは，いじめを予防するための法律の中の「いじめ」にあたるだけです。損害賠償責任を負わされたり，犯罪になったりするのは，皆さんが想像している通り，一定の悪い行為だけ。かま猫の行為が，犯罪や不法行為になってしまうわけではありません。

▶▶4＿学校現場における「いじめ」対応

では，虎猫や三毛猫が「かま猫にいじめられました」と先生に言いつけた場合，先生はどうするのでしょうか。法律上，「いじめ」にあたるからという理由で，かま猫をしかりつけるのでしょうか。

そうではなく，先生は，まず，かま猫に事情を聴きに行くでしょう。そして，実は，かま猫は悪くないということを知ります。でも，法律上，「いじめ」にあたるので，先生は，法律のルールに従って，「かま猫と虎猫，三毛猫との間で，

こんなトラブルがありました」，と他の先生に報告することになります。情報共有した先生たちは，みんなで，虎猫や三毛猫，そしてかま猫の関係がこじれないように，指導したり，見守ったりします。

　物語の中で，事務長の黒猫は，他の猫たちに騙され，加害者側に回ってしまいます。現実世界でも，先生一人で対応していたら，いろんな間違いを犯すかもしれません。そこで，法律では，「組織的対応」をするように求められています。いじめ対策組織などをつくって，何人もの先生がかかわりながら，解決に導けるよう，動いてくれるわけです。

　こう説明すると，「いじめ」の定義が広いからといって，それほどの不都合はないことがわかります。

▶▶5＿「いじめ」の早期発見こそ大切

　「いじめ」の定義が広がったことで，学校現場のいじめに対する認識も変わってきています。

　今までは，クラスでいじめが起こると，その担任の先生が責められる傾向がありました。「担任がしっかりしていないからこういうことになるんだ」……といった具合ですね。そのため，担任は自分の評価が下がるのをおそれ，いじめを見て見ぬふりをすることも多くありました。

　でも，ここまでいじめの定義が広がると，子どもの間で，小さないざこざが全くないほうが不自然であり，小さなトラブルに早く気づき，対策する担任のほうが評価されるようになってきています。つまり，いじめが起こったこと自体を責められる傾向が消え，その後の対応が大切だという認識に変わってきたということです。

　いじめの定義については，法律家や議員の間でも「広すぎるのではないか」「いやいや，早期発見のためにはこのまま広い状態を維持すべきだ」など，議論があり，法改正の可能性もあります。

　定義がどうであれ，大切なことは子どもが傷つかないことです。ちょっとした出来事でも傷つくことはあり，その傷口がどんどん広がっていくこともあるからこそ，大人が早めに気づき，いじめの芽をつぶすことが大切だと思います。

▶▶6＿いじめと人権

　さて，ここまで，「いじめと法律」について考えてきましたが，いじめのお話の締めくくりとして，「いじめと人権」について触れておこうと思います。

　いじめは，場合によっては，刑事責任や民事責任といった法律上の責任を発生させるものでした。また，加害者は，退学処分など，学校から処分を受けることもあります。

　けれども，「なんとなく冷たい空気が流れている」というような場合，冷たい空気をつくり出している一人ひとりが，その空気を容認している一人ひとりが，何らかの法的責任を負ったり，学校から処分されたりするわけではありません。

　ここで，第1章や第2章で学んだ「人権」について思い出してください。人権というのは，生まれながらに，誰もが皆，持っている大切な権利のことでした。他人が不当に奪ってはいけない大切な権利です。自分の意見を好きなように発信する自由，自分らしく自信を持って過ごせること，安心して過ごせること，……全部，広い意味での「人権」です。

　いじめは，たとえ法的責任を問えないようなものであっても，ただ傍観するだけであっても，いじめられた人の人権を奪う行為です。冷たい空気が生まれることで，被害者は，学校に行きづらくなったり，勉強する意欲が下がったり，自分に自信が持てなくなったり，いつもびくびく過ごさなければならなくなったりするからです。かま猫も，みんなからつらく当たられているうちに，「やっぱり僕が悪いんだ」と暗くなってしまいましたね。生まれつきの体質で竈に入って眠らなければいけないのは，かま猫が悪いわけではありません。それでも，いじめられているうちに，自分を認めることが難しくなっていったのです。

　この物語は，金色の獅子が現れ，事務所自体を解散させることで，猫たちの関係がすべてリセットされて，おしまいになります。けれども，現実社会では，金色の獅子が現れてくれることはほとんどないでしょう。かま猫は，次の日も，涙をこらえて事務所に向かわなければならないか，もしくは，かま猫は自ら事務所を辞めるかもしれません。もしかしたら，かま猫は，生きることに絶望し，命を絶ってしまうかもしれません。

▶▶7＿いじめと「心のコップ」

　私たち弁護士の使命は，人権を守ることと，正義を実現することです（弁護士法1条1項）。そこで，私たちは，人権侵害の一つであるいじめをなくそうと，各学校に行って，いじめ予防授業をすることがあります。

　そこでするお話の一つに，「心のコップ」があります。

♣「心のコップ」

　人の心をコップにたとえます。人の心の中は目に見えませんよね？　だから，このコップの中身も外からは見えません。

　嫌なことが起こると，コップの中に水が溜まっていきます。嫌なことといってもいろいろあります。ささいなことが起こると，一滴水がたまります。とても嫌なことが起こると，たくさん水が溜まります。

　　・ちょっと友達からからかわれました。
　　・友達からお昼のお弁当を買ってこい，ジュースを買ってこいなど，パシリに使われました。
　　・友達が自分の悪口を言っていました。
　　・LINEのグループから仲間外れにされていると感じました。

……一滴，一滴，心のコップに水が溜まっていきます。だんだん，コップの中身はいっぱいになっていきました。

　外からコップの中身は見えません。

　　・友達に足をかけられ，転びました。

　心のコップは，この行為が最後の一滴となり，あふれてしまいました。

　コップの水があふれるということは，心が壊れるということ。学校に行けなくなったり，自殺しようとしたり，最悪，本当に亡くなってしまいます。

　足をかけた子どもは，コップの水をあふれさせたかったわけではないでしょう。これが最後の一滴になるなんて思いもしないで，いつもの悪ふざけの延長でやってしまったわけです。外から見えるのは，一滴一滴の水だけ。その一滴が，コップにどれほどたまっているか，相手がどれほど思い詰めているのかなんて，わかりません。

　でも，コップの持ち主である本人は，一滴のつらさだけでなく，たまった水すべての苦しみを受けています。コップに収まっているうちはなんとか耐えていますが，あふれてしまえば死に追い込まれることもあります。

　この話を聞いて，普段何気なくやっている行為の重みに気づく子どももたく

さんいます。大したことないと思っていたことが，相手をどんどん追いつめているのだ，と怖くなり，日ごろの行為や接し方を改める子どももいます。

　同時に，心のコップの水を減らす大切さに気づく子どももいます。誰かがささいないじめをして，コップに一滴の水がたまっても，見て見ぬふりをするのではなく，味方になってあげれば，その水は少し減るかもしれません。いじめの苦しみは，味方ができることでだいぶ楽になります。そうしたことに気づき，いつまでも傍観者でいたらいけないのだ，傷ついている子がいたらちょっとでも声をかけてあげよう，と思う子どもも出てきます。

▶▶8__かま猫の「心のコップ」は？

　「猫の事務所」のお話では，金色の獅子によって，かま猫の心のコップは壊れずに済んだように読めます。もし，金色の獅子が現れなかったら，かま猫の心のコップはあふれ出してしまっていたかもしれませんね。

　いじめは，学校現場だけの話ではなく，会社内で起こることもありますし，ママ友同士で起こることもあります。人生の中で誰もが被害者にも加害者にもなり得ます。もし，いじめを目の当たりにするときが来たら，このお話を思い出してください。そして，自分自身の心のコップがいっぱいになりそうなときは，あふれてしまう前に，相談しましょう。身近な誰かが，なんとなくつらそうだったら，一言でも，声をかけてあげるといいと思います。

　それが，自分の，そして，まわりの人権を守る生き方です。

▶§4 __ 学校と子どもの人権②──校則問題

▶▶1__学校の校則問題とは？

　次に，ほとんどの学校にあるであろう，校則についてです。

　世の中には，「どうして，こんなことが禁じられているのだろう？」と多くの人が疑問に思うような校則が存在し，「ブラック校則」などと呼ばれることがあります。

　たとえば，ツーブロックやポニーテールといった，特定の髪形を禁じる校則。

ツーブロックもポニーテールも，一般的な髪形であり，特に奇抜というわけではありません。それでも，「ツーブロックにすると，もめ事に巻き込まれやすい」とか「ポニーテールにすると，うなじが見えて，異性の生徒の目が行ってしまう」とか，いろんな理由で禁じている学校があります。

　ほかにも，男女交際を禁じる校則なんてものもあります。この校則に違反した女子生徒が，自主退学勧告され，学校を辞めざるを得なくなり，学校に対して損害賠償を求めて裁判を起こしたことがあり，世間の注目が集まりました。

▶▶2＿校則の法的根拠は？

　では，どうして学校は校則を定めることができるのか？ということですが，実は，「学校は校則を決めることができる」などと定めた法律は存在せず，校則の法的根拠は，必ずしも明らかではありません。

　ただ，教育基本法には，学校での教育は，「教育を受ける者が，"学校生活を営む上で必要な規律"を重んずる」よう行う旨，定めた条文があり（同法6条2項），校則を前提にしているようにも読めます。また，裁判においても，校則は，「学校が独自に判断して定めるルール」であるとして，その存在を前提に判断がなされています。

　人が集まるところには，必ずルールが必要です。学校は集団生活を送る場なので，学校の秩序を維持し，子どもの安全を守るために，やはり一定のルールが必要だといえます。さらに，私立学校については，建学の精神とか，独自の教育方針とかを明らかにするためにも，校則を認める必要があるでしょう。結局，校則は，法的にも社会的にも，認められているといえます。

▶▶3＿不合理な校則の違法性

　けれども，どんな校則も無制限に認められるわけではありません。校則には，子どもの人権を制約する面があるからです。必要もないのに，人権を大幅に制約するような内容の校則を許すわけにはいきませんよね。学校だって，社会の一部ですから，憲法の定める人権を制約することは，原則として許されないわけです。

　たとえば，ツーブロックやポニーテールといった髪形を禁止する校則は，髪

形を決める自由を制約しています。髪形は，自分らしさを表現する1つの方法
になります。誰かから，「こういう髪形にしなさい」と命令される方がおかし
くて，好きに決めていいというのが原則です。その原則を曲げて制約するから
には，合理的な理由が必要ですね。

　男女交際を禁止する校則はどうでしょう。裁判例の中には，恋愛関係を結ぶ
ことを「人としての本質」にかかわり，「自分の人生を自分らしくより豊かに
生きるために大切な自己決定権」に基づく行為であるとして，幸福追求権（憲
法13条）の一内容をなすものと位置付けたものもあります。そんな大切な人権
を制約するには，やはり，合理的な理由，教育目的との関連性などが必要とい
えます。

　教育のプロである学校側には，校則を定める広い裁量がありますから，裁判
所が「この校則は違法です」と認めることは少ないです。けれども，不合理な
校則であれば，違法であり無効と判断される可能性もあります。

　さらに，校則自体が違法ではなくても，校則違反を理由に学校がなした処分
が違法と判断される可能性は十分あるでしょう。たとえば，校則に違反した子
どもに対し，改善を求める教育的な指導を一切せず，子ども側の言い分も聞か
ず，いきなり「退学処分」などにすれば，違法な処分となります。

▶▶4＿校則はどのようにしてつくられているか？

　ところで，校則は，どうやってつくられているのでしょう。いつ，誰が考え
たのかもわからないほど，昔から存在していて，時代に合わないのにそのまま
残っているものもあるようです。こうした不合理な校則は，変えられないので
しょうか。

　思い出してもらいたいのは，日本も批准している「子どもの権利条約」です
（→§1参照）。子どもは，自分に関係のあることについて自由に自分の意見を
表す権利を持っていること，その意見は子どもの発達に応じて十分考慮される
ことが定められているのでした（子どもの権利条約12条）。まさに校則は，子ど
も自身の日々の学校生活に直接かかわるものですから，子どもの意見を十分聞
き，反映させるべき事柄でしょう。今の子どもの意見を聞きながら，柔軟にルー
ルを変えていく必要があると思います。国会でも法律の改正が行われています

よね。校則だって同じで，時代が変われば，変わっていく方が自然です。

　現実は，子どもが「どうして禁止されているのですか」と尋ねても，学校側は「ルールだから守りなさい」などと指導することが多いようです。校則は「上から与えられたもの」「すでに決まっていて変えられないもの」といった認識が広まっています。

　最初から存在するもの，上から与えられたものについて，「ああこんなものか」と受け入れてしまい，おかしいものをおかしいと感じられなくなってしまうのは危険です。「このルールって，ちょっとおかしくない？どんな意味があるの？このルールのせいで，すごく窮屈な思いをしているけれど，こんな思いをしなければならないほどの理由があるの？」という最初の疑問が大切。

▶▶5＿子どもたちの声（真摯な問い）への大人の応答

　大人は，子どもの「どうしてダメなのか」という声にしっかり耳を傾けるべきです。そして，きちんと向き合うことが大切です。「ルールだから守るしかないのだ」と指導してしまうと，子どもは「何を言っても無駄」「上からいわれたら，何も考えず守るしかない」とあきらめてしまうかもしれません。今あるルールもおかしければ話し合いによって変えていけるのだということ，子どもは意見を表明する権利があるのだということを，子どもに伝えることが重要だと思います。

　子どもは，大人が耳を傾けてくれれば，主体的に行動するものです。子ども自ら，生徒会などを通し，校則の問題点を指摘し，どう変えていくべきか意見を述べるようになり，そのうち，教師や保護者に対し，話し合いを求めてくるようになるかもしれません。その際は，しっかり話し合い，意見交換をすることが大切です。

　これは，何も，校則や子どもだけの話ではありませんね。上から与えられたもの，周りが当たり前だと思って受け入れているもの……そうしたものについて，一歩立ち止まり，疑問がないか自分で考えてみること。そして，新しくつくり直したり，変えたりするほうが，うまくいきそうだと考えれば，提案して，みんなで話し合うこと。

　そうした姿勢は，大人になってからもとても大切なことだと思います。

▶ §5 __ 学校と子どもの人権③──体罰問題

▶▶1__体育会系のしごきは体罰？

　最後に，体罰問題について，紹介しましょう。

　「体罰なんて，昔のもので，今はもうないでしょ？」と思う人もいるかもしれません。一方で「ああ，部活のときに，コーチにしごかれたことがあるけれど，あれって今思えば体罰だったのかな」などと考える人もいるかもしれません。

　日本の学校における体育会系の部活動では，指導の一環として，顧問が子どもに暴力を振るう体質が根強く残っているといわれています。国際人権団体「ヒューマン・ライツ・ウオッチ」が2020年7月に発表した，日本のスポーツ界での暴力や暴言の実態についての調査によると，25歳未満のアンケート回答者のうち19％が，子どもの頃に，スポーツ活動中に部活動の顧問から殴打されるなどの暴力を受けたと回答しています。

▶▶2__体罰と法律

　体罰について，法律はどう定めているのかというと，学校教育法11条に定めがあります。「校長および教員は，教育上必要があると認めるときは，……学生に懲戒を加えることができる。ただし，体罰を加えることはできない」と，はっきり体罰はダメなのだと定められています。

　問題は，教師の行為が，教育上必要な「懲戒」に当たるのか，禁止されている「体罰」に当たるのか，判断に迷うケースがあるということです。

　文部科学省は，「体罰」に当たるか否かは，子どもの「年齢，健康，心身の発達状況，当該行為が行われた場所的および時間的環境，懲戒の態様等の諸条件を総合的に考え，個々の事案ごとに，客観的に判断する」としており，「身体に対する侵害を内容とするもの（殴る，蹴る，叩くなど）や，肉体的苦痛を与えるもの（正座などの特定の姿勢を長時間にわたって保持させる，トイレに行かせないなど）と判断されれば，体罰に該当する」としています。

▶▶3＿体罰は犯罪にあたることも

　皆さんお気づきのように，殴る，蹴る，叩くなどの行為は，学校教育法で禁じられている「体罰」に当たるばかりか，刑法で定められた傷害罪（刑法204条）や暴行罪（刑法208条）に当たる犯罪でもあります。

　でも，「顧問が逮捕された」というニュースはあまり目にしません。これは，被害者が被害届を提出しないケースが多いことが一因でしょう。被害者のいる犯罪では，原則，被害届がないと警察の捜査は開始されないため，刑事責任追及に至らないのです。

　社会が「体罰」に寛容だった時代は，「学校内での出来事で，教育目的でなされた行為だから」と被害届を警察が受理しないケースもあったのでしょうが，最近は社会の目も厳しくなっており，被害届を出せば，警察がきちんと捜査してくれるケースが増えています。実際，小学校教諭が男子児童の頬を1回平手打ちしたケース（男児にけがはなし）で，保護者が警察に被害届を出し，教諭は暴行罪で罰金刑（5万円）に処されました。

▶▶4＿体罰は「熱意ある指導」ではない

　体育会系の部活動では，暴力をふるいながら指導するやり方が「伝統」として，蔓延していたようです。こうした狭い世界の中では，加害者は，暴力を「熱意ある指導」と考え，被害を受ける側も，「殴られ，蹴られて上達するもの」と受け入れる感覚が一般的だったのでしょう。

　かつて暴力を受けてきた者が，今度は指導者にまわり，こうした誤った認識を伝え続けるため，今でも暴力が完全になくならないのだろうと思います。

　しかし，体罰は，学校教育法上禁じられているだけでなく，先述した通り，刑事上の犯罪ですし，民事上も不法行為に当たり，損害賠償責任を問われます。

　体罰問題についても，校則問題と同様，「こんなものか」と受け入れてしまっては，改善されません。周りが「こんなものか」と受け入れてしまいがちなものが，実は，人権を侵害していることもあるのだということを忘れず，疑問を感じたら口に出したり，話し合ったり，相談したりすることが大切です。

▶§6 ── 子どもへの虐待（児童虐待問題）

> 「生まれたばかりの赤ちゃんが，ミルクも与えられず，放置され，亡くなってしまった」
> 「3歳児が，母親と交際関係にある男性に殴る蹴るの暴行を受け，大けがを負った」
> 「両親がパチンコ屋に行っている間に，車中に放置された5歳児が熱中症で亡くなった」

……など，子どもの命に危険が及ぶ痛ましい虐待事件が日々，報じられています。

　児童虐待防止法は，「児童虐待」とは，「保護者がその監護する児童（18歳未満の者）について行う次に掲げる行為をいう」とし，4種類の行為を定めています。
　①身体的虐待：　児童の身体に外傷が生じ，又は生じるおそれのある暴行を加えること。──例：殴る，蹴る，叩く，投げ落とす，激しく揺さぶる，やけどを負わせる，溺れさせる，首を絞める，縄などにより一室に拘束する，など。
　②性的虐待：　児童にわいせつな行為をすること又は児童をしてわいせつな行為をさせること。──例：　子どもへの性的行為，性的行為を見せる，性器を触る又は触らせる，ポルノグラフィの被写体にする，など。
　③ネグレクト：　児童の心身の正常な発達を妨げるような著しい減食又は長時間の放置，保護者以外の同居人による身体的虐待，性的虐待，心理的虐待の放置その他の保護者としての監護を著しく怠ること。──例：　家に閉じ込める，食事を与えない，ひどく不潔にする，自動車の中に放置する，重い病気になっても病院に連れて行かない，など。
　④心理的虐待：　児童に対する著しい暴言又は著しく拒絶的な対応，児童が同居する家庭における配偶者に対する暴力，その他の児童に著しい心理的外傷を与える言動を行うこと。──例：　言葉による脅し，無視，きょうだい間での差別的扱い，DV，きょうだいに虐待行為を行う，など。

　こうした児童虐待について，全国の児童相談所での相談対応件数は増加傾向

にあり，2021年度は，20万件を超えています。

　相談対応件数増加の背景には，核家族化や共働き家庭の増加など，社会の変化があるでしょう。子どもを守り，育てなければならないはずの親が疲弊してしまうことは，大きな社会問題ともいえます。また，法の制定や改正により，児童虐待の通告がしやすくなり，今まで明るみにならなかった被害が，児童相談所につなげられるようになったという面もあります。

　子どもの福祉を守る法律としては，「児童福祉法」があり，その中で，児童虐待の通告義務（保護が必要な児童を発見したら，児童相談所などに通告しなければならない義務）も定められていました。しかし，国民に広く通告義務の存在が知られておらず，規定が形がい化している状況でした。

　そんな中，1990年代に入り，メディアの報道や民間団体の活動などにより，児童虐待が社会問題化しました。児童相談所での相談対応件数も，統計が始まった1990年度の約1000件から，1999年度には1万1000件を超えました。

　そこで，虐待に対応する法律の必要性が主張され，2000年5月「児童虐待防止法」が成立しました。これにより，児童相談所での相談対応件数はさらに増え，2003年度には2万6000件を超えるに至りました。その後2004年の法改正により，通告義務の対象が広がり，「児童虐待を受けた児童」ではなく，「児童虐待を受けたと思われる児童」を発見すれば通告義務が発生する規定になりました。その影響もあり，児童相談所での相談対応件数は右肩上がりになっています。

　通告義務について，テレビや新聞で取り上げられることも多くなり，また，インターネットが普及し，誰もが容易に虐待を疑った場合の対応について検索できるようになったため，今では，かなり多くの国民が通告義務の存在を知っているのではないかと思われます。

　そうはいっても，「虐待ではないかもしれないし……」とか「面倒なことに巻き込まれてしまうのでは……」といった思いから，通告に踏み切るのは難しいと感じる読者もいるでしょう。

　児童虐待は，他人の目が及びにくい家庭内で行われることが多いため，虐待の現場を直接目撃することはなかなかなく，確証が持てない場合が多いものです。しかし，子どもを守り，その家庭を支援するためには，早期の通告が非常に重要です。そのため「もしかしたら虐待かも……」と思う程度であっても，

通告することが大切になります。

　①子どもの顔や腕，脚によく傷やあざをみかける，②頻繁に，大人の怒鳴り声と子どもの泣き声が聞こえる，③なかなか家に帰りたがらない子どもがいる，④衣類や体がいつも汚れている子どもがいる，⑤学校などに行く姿を見かけなくなった……など，少しでも心配なことがあれば，勇気を出して相談してみると良いでしょう。

　子どもを守ろうと善意で通告した場合，後から虐待がないと判明したとしても，何らかのペナルティーが課されることはありません。また，法律上，通告した人の秘密は守られることになっており，通告は匿名で行うこともできます。

　もし，皆さんが虐待の疑われる子どもに出会い，どこに通告したらよいのか迷ったら，児童相談所全国共通ダイヤルの「189（いちはやく）」にかけましょう。24時間対応してくれます。

🖊️トピック9.1＿＿　児童虐待と「児童相談所」の実情と課題

　虐待のニュースでよく出てくる「児童相談所」ですが，実際には，虐待問題だけを取り扱っているわけではありません。児童福祉にかかわるいろんな問題，非行，不登校，障害…など，さまざまな相談を受け付けています。相談件数も多く，相談内容も多岐にわたる中で，児童相談所には，職員不足や職員の専門性不足という課題があるといわれています。

　たとえば，児童虐待について，通告を受けた児童相談所は，親子を一時的に分離させる「一時保護」の必要性などについて検討します。「子どもの命を守るため，とりあえず，広く一時保護すべきだ」と考える読者もいるかもしれません。しかし，保護の必要性が高くない場面で一時保護してしまうと，子どものトラウマになったり，その後の親子関係がぎくしゃくしたりする可能性があり，一時保護は，子どもの福祉の観点から，慎重に判断することが求められます。児童相談所職員は，一方で親と子を分離しなければならず，他方で親と信頼関係を築き，家庭の抱える問題について支援していくことも求められており，高い専門性が必要です。

　児童相談所職員などの専門性を高めるため，2024年4月には「こども家庭ソーシャルワーカー」という新しい資格が創設されます。また，同じく2024年4月より，児童相談所が一時保護をする際，裁判所が妥当性を判断する司法審査が導入されます。新制度により，子どもの安全確保につながることを期待します。

▶人名・事項索引

❖著者紹介

佐藤　みのり　（さとう　みのり）　　　弁護士（佐藤みのり法律事務所）

【略歴】
横浜市出身。慶應義塾大学法学部政治学科卒業（首席）。慶應義塾大学大学院法務研究科修了。
青少年の抱えるさまざまな問題を解決したいとの思いで弁護士を志し，2013年弁護士登録。
勤務弁護士を経て，2015年佐藤みのり法律事務所を開設。
いじめ重大事態の第三者委員を複数務めるなど，子どもの権利を守るための活動に力を入れる。
2018年〜2023年，母校慶應義塾大学大学院法務研究科にて憲法を担当（助教），2021年〜デジタルハリウッド大学で「法律の起源と現代社会に生きる法律」を担当（非常勤講師）。
その他，情報番組でコメンテーターを務めるなど，メディア出演も。

【主要著作】
『夫の死後，お墓・義父母の問題をスッキリさせる本』（共著，日本実業出版社，2018年）
「これってハラスメント？──判例から読むセクハラ・パワハラ……の境界線」（企業実務　2020年4月号より連載中）
『トピックから考える日本国憲法』（山元一編，共著，北大路書房，2023年）

21の物語から考える法学入門

2023年10月20日　初版第1刷発行

著　者	佐　藤　み　の　り	
発 行 所	㈱北大路書房	
〒603-8303	京都市北区紫野十二坊町12-8	
	電話代表	（075）431-0361
	Ｆ Ａ Ｘ	（075）431-9393
	振替口座	01050-4-2083

ⓒ 2023
編集・製作／秋山泰（出版工房ひうち：燧）
組版／華洲屋（kazu-ya）
装丁／上瀬奈緒子（綴水社）
印刷・製本／亜細亜印刷（株）
落丁・乱丁本はお取り替えいたします。
定価はカバーに表示してあります。

Printed in Japan
ISBN978-4-7628-3236-9

法学ナビ　16の物語から考える
渡邊博己・右近潤一　著

▶A5判／ヨコ組み／並製　　定価2090円（税込）　〔2018年刊〕

トピックから考える日本国憲法
山元　一　編

▶A5判／ヨコ組み／並製　　定価2750円（税込）　〔2023年刊〕

ナビゲート民法　契約社会を賢く生きるための14章
増成　牧・笹川明道　編

▶A5判／ヨコ組み／並製　　定価2640円（税込）　〔2019年刊〕

スタンダード法社会学
佐藤岩夫・阿部昌樹　編著

▶A5判／ヨコ組み／並製　　定価3080円（税込）　〔2022年刊〕

ネオ・ベーシック商法 1
商法入門／総則／商行為
道野真弘　編著

▶A5判／ヨコ組み／並製　　定価2750円（税込）　〔2019年刊〕

ネオ・ベーシック商法 2
会社法Ⅰ〔ガバナンス編〕
道野真弘　編著

▶A5判／ヨコ組み／並製　　定価2750円（税込）　〔2022年刊〕

ネオ・ベーシック商法 3
会社法Ⅱ〔ファイナンス編〕
道野真弘　編著

▶A5判／ヨコ組み／並製　　定価2750円（税込）　〔2022年刊〕

北大路書房